「学校経営マンダラート」で創る
新しいカリキュラム・マネジメント

大谷俊彦／著

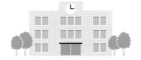

ぎょうせい

■刊行に寄せて■

嶺北スピリット　嶺北オリジナル　嶺北プライド

甲南女子大学教授
村川雅弘

　嶺北中学校とのかかわりは平成27年度からの高知県教育委員会の研究指定「探究的な授業づくりのための教育課程研究実践事業」がきっかけである。拠点中学校6校の一つであった。それ以来4年間、嶺北中は新学習指導要領が目指す教育の実現につながる具体的な手立てを生み出し発信し続けてきた。本書はその開発の思想と歴史をまとめた集大成と言えよう。その開発の先頭に立ってきたのが大谷俊彦校長である。

　私も池井戸潤の「下町ロケット」にはまっている者の一人であるが、まさしく嶺北中は佃製作所であり、大谷校長は佃航平である。育てたい資質・能力としての「嶺北ACT」、学校カリキュラム・マネジメントの教職員と生徒及び保護者の共有化のための「嶺中八策」、各教科等を越えて「主体的・対話的で深い学び」の授業づくりの品質を維持する「嶺北スタンダード」と「授業プランの可視化」、授業の基盤となる「聴き方あいうえお」「話し方かきくけこ」、生徒一人一人が学校や家庭などでの学びや体験を自己の将来の夢の実現につなげるツール「MIRAIノート」など、枚挙にいとまがない。

　これらの取り組みの成果は如実に表れている。全国学力・学習状況調査及び日本生活科・総合的学習教育学会が開発した調査から、従来型の学力に加え、いわゆる生きる力を着実に伸ばしてきた。バランスよく生徒を育ててきた。

　具体的な手立て（まさしくオリジナルヒット商品）の一つ一つの品質の高さもさることながら、それらを考案しカタチにし定着しようとしてきた教師としてのプライドをひしひしと感じる。商品開発においてはネーミングも重要な要素であるが、いずれもわかりやすく親しみやすい。

　この度の新商品「学校経営マンダラート」には大いに驚かされた。さすがに目の付けどころがいい。大谷翔平選手が高校1年の時に作成した「マンダラチャート」には私も関心を抱き、甲南女子大学1年「教職論」で教職に向けての4年間のプランニングをさせたり、中学校の職場体験の事前指導で活用したりしてきた。

　この「学校経営マンダラート」により、嶺北中の数々の取り組みが関連付けられ整理された。中学校3年間で育成したい資質・能力としての社会人基礎力8つの具体的な手だてを明確にしている。マンダラートの意義や作り方・使い方等について、自校及び高知県での研修を踏まえて具体的に示している。学校カリマネの有効なツールである。各校で是非参考にしていただきたい。

■刊行に寄せて■
豊富なアイデア、確かな実践

大阪教育大学教授
田村知子

　「カリキュラム・マネジメント」は、新学習指導要領の理念を実現する鍵概念として大きく取り上げられ、関心を集めている。しかし、学校現場からは、概念の理解が難しいという声や、何をどうしたらよいのかという声が上がっている。本書は、豊富なアイデアと確かな実践例を提供することにより、「カリキュラム・マネジメント」に対する戸惑いを解消してくれる好著である。

　著者は、高知県本山町立嶺北中学校の校長として、7年間の実践を積み上げ、生徒の表現力、学力をはじめ様々な資質・能力を高めた。その成果はデータに明確に表れている。エビデンスに基づいた学校経営という視点からも、嶺北中学校から学ぶことが多い。

　本書のタイトルにある「マンダラート」は、学校の教育目標設定のためのフレームワークとして使用されている。著者は、目標設定がカリキュラム・マネジメントの「一丁目一番地」であるのに、学校組織はこれまで目標設定を重視してこなかった、教職員には目標設定のスキルが不足し目標設定の適切な方法を知らないと看破する。そして、「マンダラート」という枠組みだけでなく、全教職員の参画に基づく目標設定という組織的なプロセスをも具体的に提案する。

　第3章は実践編である。アクティブ・ラーニング、キャリア教育、総合的な学習の時間、ワークショップ型校内研修などの実践も参考にできる点が多いだろう。特に、本書の実践は、学級経営や部活動の「カリキュラム・マネジメント」にまで及ぶ。学校教育目標と連動した学級経営計画、1年後の生徒の姿をイメージすること、学期ごとのPDCAサイクルを実現する独自のフレーム、進化・発展していく学級目標、生徒が作る「学級目標マンダラート」なども参考になる。したがって本書は、学校管理職だけでなく、全ての教師に推薦したい。

　また、「タイトルやスローガンの後ろには、必ず年号を入れておこう。そうすることで、「『作りっぱなし、貼りっぱなし』は防げる。」「教師の『守る心』のリミッターを外し、『変革の心』に火を点けよう。」「生徒の力を信じて、生徒の力を借りよう。」（本書第3章4「学力向上へのカリキュラム・マネジメント」より）など、現場ならではの、キャッチーな言葉でポイントが紹介されているのも面白い。

　著者の実践は、「カリキュラム・マネジメント」の本質的な理解に基づいている。具体例を通しながら「カリキュラム・マネジメント」の要点を理解し、自らの実践を構想するのに最適な一冊である。

はじめに

　今年（2018年）は、「明治維新」から150年目の節目に当たり、現在、高知県では、「志国高知　幕末維新博」が盛大に開催されている。また、今回、改訂された新しい学習指導要領も、幕末・明治維新以来の大改革と言われていることから、何か不思議な縁を感じざるを得ない。

　なぜ、大改革と言われているのだろうか。それは、今日、知識基盤社会、情報化、グローバル化の進展など社会が著しく変化し、そのような変化に対応していくためには、従来の知識・技能の習得から、知識・技能を使いこなす資質・能力が重要であることから、新しい学習指導要領は、コンテンツベースからコンピテンシーベースへとパラダイム転換していることにある。さらに、①課題解決に向けて主体的に取り組む能力、②対話・協働を通して、新しいものを生み出していく企画力や創造力といったクリエーティブな能力、③AIやロボットではできない、優しさや思いやりといった人間性、といったものが、これからの時代を担う子どもたちに育てたい資質・能力として示されている。

　小学校や中学校現場にとって、新しい学習指導要領の最大の関心事は、①社会に開かれた教育課程、②育成を目指す資質・能力、③「主体的・対話的で深い学び」（いわゆるアクティブ・ラーニング）の推進、④カリキュラム・マネジメントの確立という4点に集約されるのではないだろうか。

　本書の第1章・第2章では、「学校経営」が大切だと従来から言われてきたにもかかわらず、この業界では「経営」について学ぶ機会がないことから、「学校経営」に焦点を当て、教職員をどう動かし、組織としてどのように目標に迫っていけば最大限の教育効果につなげることができるのかといった「経営戦略」について書かせていただいた。

　また、第3章では、上に挙げた関心事である4点を中心に、本校が2015（平成27）年度から研究指定を受けて取り組んできた実践事例を紹介している。本校は、大学の附属の研究機関でも特別な研究校でもなく、高知県内において一般的な公立中学校である。そうした意味では、どこの学校でも実施可能であり、応用可能な事例と認識している。

　本書が、全国の実践者にとって、学校経営や学校改革のヒントに少しでもなることを願っている。

　末尾に当たり、本校の研究にご協力いただいた本山町教育委員会、高知県教育委員会小中学校課、高知県中部教育事務所の皆様、愛媛大学の藤原一弘准教授、3年間継続してご指導いただいた甲南女子大学の村川雅弘教授、大阪教育大学の田村知子教授、教育調査研究所の寺崎千秋主任研究員、また、本書の編集・刊行に当たり多大なご尽力とご支援をいただいた株式会社ぎょうせいの萩原和夫氏に、この場を借りてお礼申し上げたい。

2018年9月吉日

本山町立嶺北中学校校長　**大谷俊彦**

「学校経営マンダラート」で創る 新しいカリキュラム・マネジメント

■目　次■

刊行に寄せて　嶺北スピリット 嶺北オリジナル 嶺北プライド　　村川雅弘
　　　　　　　豊富なアイデア、確かな実践　　　　　　　　　　田村知子

はじめに

第1章　これから求められる学校経営と新しいカリキュラム・マネジメント

　1　「カリキュラム・マネジメント」の一丁目一番地は「学校教育目標」にあり……2
　　　　1　学校は、学校教育目標を見直す作業を行っているか　2／2　学校は目標だらけ　5／3　ベクトルを合わせる　6
　2　「目的」「目標」「方針」をきちんと使い分けられているのか……………………8
　　　　1　学校教育目標を教職員や生徒に常に意識させる　8
　3　「目標」はシンプルでコンパクトに！ 覚えられないような目標はアウト！……10
　　　　1　目標はシンプルに　10／2　「SMART」の法則　10／3　「高さ」と「早さ」の3段階のスモール・ステップで達成可能な目標を立てる　11／4　アクションプラン（行動目標）を作成する　13／5　アクションプランは「S・S・K」の視点で考える　14
　4　魅力的で独創性のあるキャッチ・コピーを考えよう…………………………15
　　　　1　「目標」と「スローガン」の違いを知る　15／2　魅力的で独創性のあるキャッチ・コピーを流行らせる──「一流」という言葉の力　16／3　「形」の力──言葉から受けるイメージを大切にする　17
　5　「ゴール」からの「逆向き設計」で、PDCA を考える…………………………18
　　　　1　「逆向き設計」　18／2　学校教育目標や重点目標、研究主題などは「みんなで考え、みんなで創る」　19

第2章　「学校経営マンダラート」の内容と活用

　1　「マンダラート」の意義と目的………………………………………………………22
　　　　1　フレームワークの必要性　22／2　「マンダラート」とは　22／3　大谷翔平選手の「マンダラート」　24
　2　「マンダラート」の作り方……………………………………………………………26

　　　　1　「マンダラート」の基本形（3×3マス）と「簡易版マンダラート」 26／2　9×9「マンダラート」の書き方 27

3　「マンダラート」の使い方 ……………………………………………………… 31
　　　　1　「マンダラート」の使い方 31

4　「マンダラート」研修の方法 ………………………………………………… 33
　　　　1　「マンダラート」の意義や必要性を共有する 33／2　最初は、個人で考える 33／3　グルーピングを工夫する 34／4　グループで考える→「拡散的思考」と「収束的思考」 35

5　みんなで考え、みんなで創る「マンダラート」 …………………………… 37
　　　　1　みんなで考え、みんなで創ることが大切 37／2　研修の全体像とゴールを知る 38／3　マンダラートの各項目について知る 40／4　実際の研修の様子 40／5　嶺北中学校のマンダラート 43

6　「マンダラート」の応用【新学習指導要領編】……………………………… 47
　　　　1　「社会に開かれた教育課程」 48／2　「特別支援教育」 50／3　「道徳教育」 52／4　「特別活動」 54／5　「探究学習」 56

7　マンダラートの評価 ……………………………………………………………… 58
　　　　1　評価することの意義 58／2　評価を可視化する 58

第3章　「学校経営マンダラート」からみる嶺北中学校の実践

1　新しい学習指導要領のキーワードから求められる学校像を探る ……… 62
　　　　1　21世紀とはどんな時代なのか 62／2　21世紀を生き抜く資質・能力とは 63／3　アクティブ・ラーニング 64／4　カリキュラム・マネジメント 66／5　社会に開かれた教育課程 68

2　「学校教育目標」は、「社会人基礎力」の育成 ……………………………… 70
　　　　1　現状分析 70／2　一点突破・全面展開 72／3　学校教育目標は「社会人基礎力」 73／4　本校の目指す生徒像「嶺北ACT」 73

3　「チームとしての学校」を意識して、校内研修組織を考える …………… 75
　　　　1　「チームとしての学校」を考える 75／2　校内研究組織 76／3　チーム力 77

4　「学力向上」へのカリキュラム・マネジメント ……………………………… 78
　　　　1　「嶺中八策」 78／2　研究指定校としてのミッション 79／3　「探究的な学習」とは 80／4　「授業力向上」への取り組み──求められる教師の意識改革 81／5　生徒の変容──学力向上への手ごたえ 96

5　「表現力育成」へのカリキュラム・マネジメント …………………………… 98
　　　　1　総合的な学習の時間の再構築 98／2　「つなぐ」がキーワード 101／3　「総

合的な学習の時間」の果たす役割 113／4 「探究のプロセス」 113／5 年間計画（イメージ図）の作成 114／6 活動の実際——2年 総合的な学習の時間「本山町再発見」 115／7 さくらプロジェクト発表会の意義 119／8 朝読書 124／9 知のツールBOX「MIRAIノート」 124／10 PDCAサイクルの活用 126／11 データから見る成果 127

6 「学級」のカリキュラム・マネジメント ……………………………………… 131
1 学校教育目標を意識した「学級経営案」 131／2 進化・発展していく「学級目標」 134

7 部活動での「マンダラート」の活用 ……………………………………… 140

8 経営戦略としての学校関係者評価の活用 ……………………………………… 142

9 スタートカリキュラムとしての「コミュニケーションキャンプ」 ………… 144
1 スタートカリキュラムとは 144／2 コミュニケーションキャンプのねらい 145／3 2泊3日のカリキュラム・マネジメント——「思い」を「カタチ」に 145／4 課題と今後の展望 149

おわりに

第1章

これから求められる学校経営と
新しいカリキュラム・マネジメント

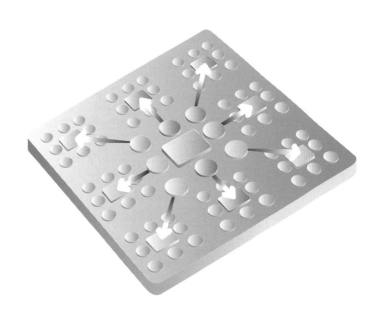

第1章 これから求められる学校経営と新しいカリキュラム・マネジメント

1 「カリキュラム・マネジメント」の一丁目一番地は「学校教育目標」にあり

●POINT
・学校は「学校教育目標」を見直しているか。
・学校は目標だらけ。
・ベクトルを合わせるとはどういうことか。

1 学校は、学校教育目標を見直す作業を行っているか

　「カリキュラム・マネジメント」について、この分野で先行研究してきた大阪教育大学の田村知子教授は、「各学校が、学校の教育目標をよりよく達成するために、組織としてカリキュラムを創り、動かし、変えていく、継続的かつ発展的な、課題解決の営み（2011）」と定義している。
　また、平成27年の中央教育審議会の論点整理では、「教育課程とは、学校教育の目的や目標を達成するために、教育の内容を子供の心身の発達に応じ、授業時数との関連において総合的に組織した学校の教育計画であり、その編成主体は各学校である。各学校には、学習指導要領等を受け止めつつ、子供たちの姿や地域の実情等を踏まえて、各学校が設定する教育目標を実現するために、学習指導要領等に基づきどのような教育課程を編成し、どのようにそれを実施・評価し改善していくのかという『カリキュラム・マネジメント』の確立が求められる」「特に、今回の改訂が目指す理念を実現するためには、教育課程全体を通した取組を通じて、教科横断的な視点から教育活動の改善を行っていくことや、学校全体としての取組を通じて、教科等や学年を越えた組織運営の改善を行っていくことが求められており、各学校が編成する教育課程を核に、どのように教育活動や組織運営などの学校の全体的な在り方を改善していくのかが重要な鍵となる」とその重

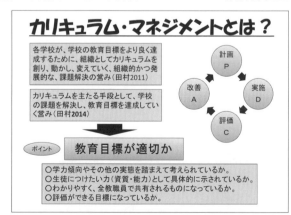

要性が謳われている（下線部筆者）。

　さらに、「①各教科等の教育内容を相互の関係で捉え、学校の教育目標を踏まえた教科横断的な視点で、その目標の達成に必要な教育の内容を組織的に配列していくこと。②教育内容の質の向上に向けて、子供たちの姿や地域の現状等に関する調査や各種データ等に基づき、教育課程を編成し、実施し、評価して改善を図る一連のPDCAサイクルを確立すること。③教育内容と、教育活動に必要な人的・物的資源等を、地域等の外部の資源も含めて活用しながら効果的に組み合わせること」という三つの側面が「カリキュラム・マネジメント」を推進するうえで重要だと示された。

　つまり「カリキュラム・マネジメント」の定義においては、必ず「学校の教育目標をよりよく達成するために……」「各学校が設定する教育目標の実現に向けて……」とか「学校の教育目標を踏まえた……」とかという言葉が前提にあり、カリキュラム・マネジメントを推進するうえで、「学校教育目標」が適切に定められているかが鍵となっている。このことは、冒頭で述べた田村知子教授の定義や新学習指導要領の定義にも共通している部分と言える。

　そこで、本校が属している高知県中部教育事務所管内の小・中学校114校の「学校教育目標」をキーワードで拾ってみることにした（平成29年度調査）。予想していたとおり「心身の健やかさや前向きな態度」に関する言葉が多く、なかでも「たくましい」や「心豊かに」といったワードが1位、2位を占めた。

　決してこの目標が良くないとか、ケチをつけているわけではないが、果たして1位や2

第1章 これから求められる学校経営と新しいカリキュラム・マネジメント

位にある「たくましさ」や「心の豊かさ」について、各学校はどう見取り、何をもって評価しているのだろうか。この目標が有名無実化してないか、お題目で終わっていないか、定期的に点検・評価が行われているのか。学習指導要領の改訂期だからこそ、今、見直す必要があるのではないだろうか。

愛媛大学教育学部の藤原一弘准教授にご協力いただき、愛媛県内の小・中学校402校の学校教育目標を調べたのが下のグラフである。

ここでも、やはり「心豊かに、豊かな心」や「たくましい」が1位、2位を占めている。確かに、文部科学省や都道府県教育委員会は、学習指導要領に則り、「知・徳・体」を目標に掲げるのは当然といえば当然なのだが、どの学校も、金太郎飴のように「知・徳・体」となるのはいかがなものであろうか。学校教育目標には、国や都道府県の方向性を受けつつ、地域や児童・生徒の実態から、もっと独創性や個性が出ていいのではないだろうか。

各県の教育委員会主催の研修会や各地の校長会・教頭会主催の研修会などに呼ばれてこうした話をすると、毎回同じ質問が出される。それは、「学校開校以来、長年の歴史がある学校教育目標だから私の代で簡単に変えられない」と言う校長からのお悩み相談である。そんなとき私は、「目標に不易の部分も確かに必要です。今までの歴史や伝統のある学校教育目標ならば、いっそのこと『校訓』や『校是』に格上げして、今の時代に合った学校教育目標に作り替えてみてはどうでしょうか？」「先輩校長が作ったもの、人から与

愛媛大学 藤原一弘准教授より情報提供

えられたものは、なかなか自分のものになりにくいのではないでしょうか。ぜひ、あなたが校長のうちに、新しい目標を作り、学校に新たな足跡を残してみてはどうでしょうか？」と答えるようにしている。時代の変化を見据えて、学習指導要領も10年に一度改訂されるのだから、学校教育目標も少なくても10年に一度は、これからの時代に求められる資質や能力とは何なのかを明確にし、時代に合ったものにリニューアルしていくことが必要なのではないだろうか。

2 学校は目標だらけ

教職員対象の研修会に呼ばれると、まず、「カリキュラム・マネジメントに取り組んだことがある人は手を挙げてください」という質問をすることにしている。そう聞くと、決まったように、校長か指導主事しか手が挙がらない。「カリキュラム・マネジメント」が、先に述べた定義どおりだとすると、学校教育目標の達成に向けては学校の組織全員で取り組まなければならないはずである。なぜ、自信を持って手を挙げられないのだろうか。多分、「マネジメント」という言葉のイメージから、管理する側が行うものだという認識があるのだろう。

次に、必ず「あなたの学校の学校教育目標は？」と聞くのだが、そうすると慌てた様子で何やらゴソゴソと学校要覧などを探し始めるのが常である。なぜ、学校にとって一番大切な目標である学校教育目標を覚えていないのだろう。

さらに、「あなたの学校の重点目標は？」「あなたの学校の研究主題は？」「あなたのクラスの学級目標は？」「あなたの学校の生徒会目標は？」と尋ねても、同様の有様である。

学校教育目標については、ほとんどの学校は、校長が一人で決めて4月1日の仕事始めの際に、学校経営方針として一方的に下ろしてくる場合が多く、それっきりほとんどこの言葉が使われることが少ないため、覚えていないのもある程度頷ける部分はある。そ

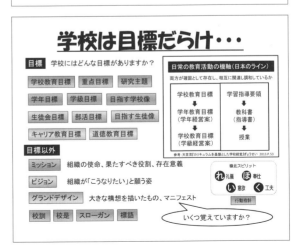

うした実態が故に、教職員にとっては、どこの学校に異動したとしても、そこの学校教育目標が何であるのかどうでもいいことであり、関心事として興味を示さないのかもしれない。

　学校には、重点目標、学年目標、学級目標、生徒会目標、道徳教育目標、キャリア教育目標、人権教育目標等、数多く「目標」という言葉がつくものが存在している。ほかにも、最近では「ミッション」や「ビジョン」「グランドデザイン」といった目標のようなものも存在している。また、各校に必ず掲げられている「研究主題」にしても、まぎれもない目標の一つなのである。

　これだけたくさんの目標があるのだから覚えられない、覚えていないという現実も理解できるのだが、果たしてそれだけで済ませてしまってよいものだろうか。

　こうした実態の背景には、それぞれの目標は、単体でそれぞれ違う部署で作られていて、結びつきや関連性が図られていないという学校組織そのものに原因があると考えられる。

　様々な研修会などにおいて、講師の先生から、教職員の「ベクトルを合わせる」ことが大切と言われるが、果たしてこうした目標は、メインテーマである「学校教育目標」の下位目標となって関連付けられて、同じベクトルを向いているのだろうか。

3　ベクトルを合わせる

　教員対象の研修会で、「学級目標を決めるとき、学校教育目標を意識して決めていますか？」と尋ねると、意識して決めているという教員は100人中2人手が挙がれば上々で、自信を持って手を挙げる教員は皆無と言っていい。

　では、学級目標は、どうやって決めているのだろうか。私の経験から考えて、学校教育目標などは考えに入れず、学級の子どもたちの主体性や担任の思いで決めているのが実態であろう。これが学校という組織の弱点でもあり、学校の実態なのである。

　しかし、一般企業において、こうした勝手が許されるだろうか。企業などでは、収益を上げなければ社員の給料も払えないし、企業を維持していくことはできない。企業は生き残りをかけて、それぞれが収益目標を立て、営業や企画、人事といった各部署において、企業の目標達成に向けて一丸となった取り組みを行っているのである。「目標

達成に向かって努力しない」企業は、決して存続していくことはできない。こうした部分において、営利を目的としない組織である学校や教育機関には甘さがあるのではないだろうか。

企業の構図を学校に当てはめて考えた場合、各部署というのは各教科の授業や学級会、生徒会、部活動などがこれに当たる。学校教育目標を達成するための現場の最

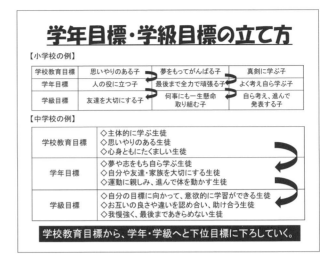

前線は、それらの場に他ならない。授業づくりを中核とした研究主題や学級目標が、学校教育目標と連動しているか、下位目標になっているのか、今すぐにでも確認してほしい。

学校教育目標と学級目標のベクトルを合わせるためには、学年目標や学級目標は、下の図にあるように、学校教育目標を意識した下位目標であることが望ましい。そうすることで初めて、学校と学級のベクトルが合ってくるのである。

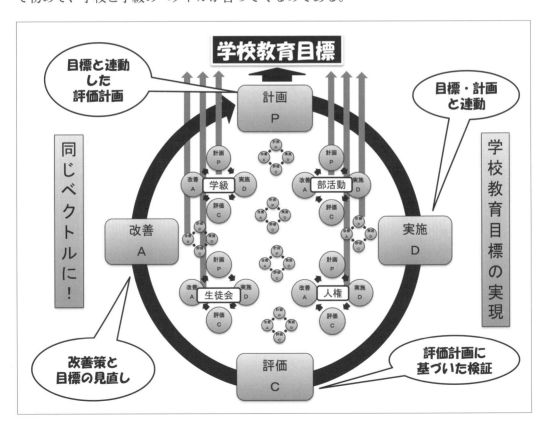

第1章 これから求められる学校経営と新しいカリキュラム・マネジメント

2 「目的」「目標」「方針」をきちんと使い分けられているのか

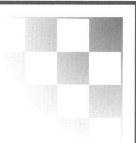

●POINT
・「学校教育目標」が「絵に描いた餅」になっていないか。
・「学校教育目標」を常にシャワーのように浴びせかける。
・「目的」「目標」「方針」の違いを理解する。

1 学校教育目標を教職員や生徒に常に意識させる

(1) 学校教育目標やスローガンを常にシャワーのように浴びせ続ける

　学校の進むべき方向を示す道標としての「学校教育目標」が、全教職員のものになっていない理由は、前述したとおりである。

　学校教育目標が、「絵に描いた餅」にならないよう、教職員や児童生徒に日常生活で意識化させるためにどういう方策が考えられるだろうか。

　まずは、校長や教頭が、教職員や児童生徒に「呪文」のように言い続けることである。これを継続していくことで、学校の方向性がぶれなくなり、学校全体のベクトルも合ってくる。本校では、「社会人基礎力」「嶺北ACT」「一流」「嶺北スピリット」といった「スローガン」を、私が事あるごとに教職員や生徒にシャワーのように浴びせ続け、心に働き掛けている。また、教職員にも、授業や学級活動のなかで、学校が大切にしている「スローガン」を使って、生徒を評価したり、生徒に語りかけたりしてほしいと指導・助言している。こうした営みを継続してきたことで、本校では、教職員や生徒に学校の教育目標が浸透し、意識化にも繋がってきた。

　昔から「言霊（ことだま）」と言われるように、言葉には不思議で大きな力が宿っている。発した言葉が音としてだけではなく、その言葉自体が魂をもち、その言葉をきっかけに、現実のものになるという意味も含んでいる。まさに「有言実行」であり、伝え続けることでポジティブ思考につなげていきたい。

(2) 「目的」「目標」「方針」の違いを理解する

　私は、学校という組織にいて、学校が定めている様々な目標が「目標になっていないの

ではないか」と常々感じている。

広辞苑によると、「目的」は、「成し遂げようと目指す事柄。行為の目指すところ。意図している事柄。」、「目標」は、「目じるし。目的を達成するために設けた、めあて。的（まと）。」とある。つまり、「目的」は向かうべき大きな事柄で、「目標」はそれをより具体化した行動と言える。また「方針」は、「進んでいく方向。目指す方向。進むべき路。」とあり、目標を成し遂げるためのざっくりとした方向性と言える。

私は、このことについて教職員にこういう例えを使って説明している。

例えば、「富士山に登る」場合、「目的」は「頂上を目指すこと」である。「目標」は「どれくらいの期間でどこまで達成する」という具体的なめあてでなければならない。つまり、「途中のベースキャンプまで何日間で辿り着こう」とか「何日間かけて全員で登頂を目指そう」といった「いつまでに・どこまで」を書かなければ目標にならない。

なぜなら、目標は、常に評価されるものだからである。評価できないような目標では、初めからPDCAを回せないことになる。そして、その目標を達成するために、「とにかく早く到着する」「山登りのスキルを磨く」「景色を楽しむ」「チームの団結力を楽しむ」といった時間や技術、チーム力や自然といった観点で方針を立てていくのである。

女子サッカー日本代表のなでしこジャパンに例えてみよう。「女子サッカーをメジャースポーツにする」は目的であり、そのために「〇年後のワールドカップで優勝する」は目標で、そのために「結果優先でベテランを中心に組織する」「若手の育成に力を入れる」「ジュニアや指導者の育成に力を入れる」が方針となる。つまり、目標の「いつまでに・どこまで」でチーム作りの方針は大きく変わってくることになるのである。

本校は「カリキュラム・マネジメント」を学校の中核に据えて運営している。本校の教職員には、日ごろからその意義をしっかりと伝え、目標の精度を高めるよう助言に当たっている。

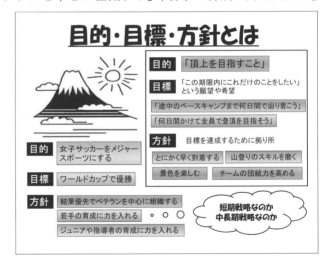

第1章　これから求められる学校経営と新しいカリキュラム・マネジメント

3 「目標」はシンプルでコンパクトに！覚えられないような目標はアウト！

●POINT
・「シンプル」「コンパクト」「覚えやすい」「唱えやすい」目標になっているか。
・「SMARTの法則」で、目標を見直してみよう。
・「3段階のスモール・ステップ」で目標を立てよう。
・具体のアクションプランを作成しよう。

1　目標はシンプルに

　教職員が、学校教育目標や各種目標を覚えていない要因には、目標がシンプルに示されていないことも大きく影響していると考えている。
　目標は、あくまで「シンプルで覚えやすい」ことが大切である。
　様々な学校の学校教育目標や重点目標等、各種の目標を見てみても、どれも長々と記されていて、とても一度読んだだけで覚えられるようなものになっていない。また、学校教育目標の下位目標として、学校教育目標の理念を「コンパクト」に表していたら、一言一句覚えていなくても、ほぼ同義の考えが浮かんでくるはずである。
　学校は、今一度、この「目標」が適切かどうか見直す時期に来ているのではないだろうか。「シンプル」「コンパクト」「覚えやすい」「唱えやすい」等をポイントに、学校オリジナルの目標を作ってほしい。

目標設定のポイント

理念を明確にする
○学校教育目標等の理念を「コンパクト」に表せているか？
○再度「見直す」必要はないのか？
○「長々と書かれていて覚えられない」目標はアウト！

↓

誰もが「唱えやすい」こと
誰が見ても「わかりやすい」こと
誰もが「覚えやすい」こと

2　「SMARTの法則」

　私は、教職員に目標を設定する際、「SMARTの法則」に当てはめて考えてほしいと伝えている。有名なフレームワークなので、知っている人も多いと思う。「SMARTの法則」

とは、ジョージ・T・ドラン氏が1981年に発表した目標設定法で、現在は、これを基に様々にアレンジされ、企業における目標設定ガイドとして広く活用されている。「SMART」とは、成功因子の頭文字を取ったもので、「Specific」「Measurable」「Achievable（Assignable）」「Realistic」「Timely」という5つの

SMARTの法則	
Specific	具体的であること
Measurable	測定可能であること
Achievable	達成可能であること
Realistic	現実的であること
Timely	期限が明確であること

成功因子で構成されていて、多くのビジネスマンの目標設定のバイブルとなっている。

つまり、目標には、「明確で具体的であること」「測定（評価）が可能であること」「スモール・ステップの達成可能な目標であること」「目標が現実離れしていないこと」「いつまでという期限が明確に示されていること」が重要なのである。学校の目標にも当てはめて考えていきたい。

なお、ここで示した「Achievable」は「Assignable」から、「Timely」は「Time-related」から派生したものと考える。

3 「高さ」と「早さ」の3段階のスモール・ステップで達成可能な目標を立てる

では、先ほど述べた「スモール・ステップの達成可能な目標であること」とは、具体的にどういうことだろうか。

ゴールまでの道のりが遠いと、途中で目標を見失ってしまいそうになることが多い。「夢は大きく、目標は小さく」という言葉がよく言われるが、スモール・ステップの目標を積み重ねていくことで、大きな目的に到達するのである。

そこで、私は、次の図のように「GOAL」までに、「3段階のスモール・ステップ」があれば、目標達成の可能性はぐっと高まるのではないかと考えている。

つまり、ゴールまでに「一里塚（いちりづか）」を3か所設定するのである。「一里塚」とはその名のとおり、その昔、道標（みちしるべ）として、一里（約4km）ごとに設置された塚のことである。昔の人は、旅をするとき、この一里塚を、ゴールまでの「チェックポイント」に活用していたのである。最近では、この言葉は、目標の階段を一歩一歩上がっていくイメージで使われることが多い。また、ビジネスシーンでは、「マイルストーン（milestone）」という英語が使われることが多く、途中の「小さな目標」である「一里塚」や「マイルストーン」は、全世界共通のものであったこともここから推察できる。

本校では、学校教育目標として「社会人基礎力の育成」を掲げており、ゴールを「成人した大人・社会人＝ADULT」と考え、ADULTまでの3か所に「一里塚」を置き、「赤

第1章 これから求められる学校経営と新しいカリキュラム・マネジメント

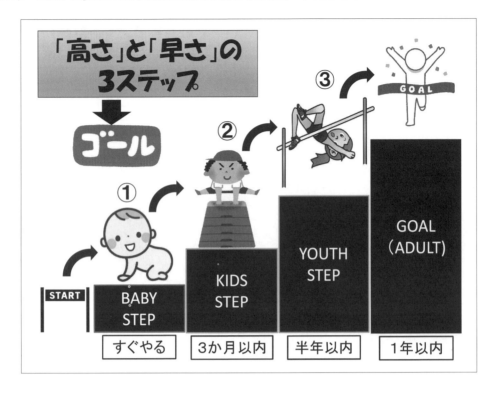

ちゃん＝BABY」「子ども＝KIDS」「青年＝YOUTH」に設定している。

　これは、言い換えれば、目標の難易度（ハードル）の「高さ」を示している。「BABY　STEP」は「赤ちゃんでも越えられる20～30㎝の高さの低い目標」、「KIDS　STEP」は「小学生の跳び箱のように1ｍくらいの高さの中程度の目標」、「YOUTH　STEP」は「中学生や高校生の高跳びのように1ｍ50㎝くらいの高い目標」と言える。「高さ」で言うと「低・中・高」を示しており、「ちょっと頑張れば」「もう少し頑張れば」「相当頑張れば」とも置き換えられる。

3ステップ　「目標の『高さ』」
○「BABY　STEP」　　赤ちゃんでも乗り越えられるくらいの目標
○「KIDS　STEP」　　子どもが跳び箱で越えられるくらいの目標
○「YOUTH　STEP」　青年が走り高跳びで越えられるくらいの目標

　もう一つ大切なことは、目標に「早さ」を設けることである。

　一つの大きな目標達成に向けて、小さな目標を三つ立てる場合などには、この「今すぐ」「3か月以内」「半年以内」というような期日を区切った目標設定をすることで、「点検・評価」も容易になり、PDCAも回しやすくなる。学校で言えば、「1か月ごと」「学期ごと」「半期ごと」に「点検・評価」が入ることになり、生徒や教職員たちはその都度一定の達成感を感じながら、一歩一歩と「GOAL」に近づいていく実感を得ることができるのではないだろうか。

> 3ステップ 「目標の『早さ』」
> ○「BABY　STEP」　　　今すぐにでも取り掛かれる目標
> ○「KIDS　STEP」　　　3か月以内に達成できそうな目標
> ○「YOUTH　STEP」　　半年以内に達成できそうな目標

　私は、1学期の終業式では、夏休みの課題学習について、この3ステップを使って生徒に話すようにしている。約40日間の夏休みには、各教科からたくさんの課題学習が出されるのだが、そんなたくさんの課題に対して、きちんと計画的にこなせる生徒は少ない。大部分は、計画も立てず、あるいは計画は立ててはいるものの、8月の後半、2学期の始業式直前になって慌てて、答えを丸写ししたり、漢字帳や単語帳のページだけを埋めたりして、体裁だけを整えて提出する、または課題がほとんどできないまま、登校してきているのが実態なのである。

　そこで私は、長期の休みの前には、この「3段階のスモール・ステップ」を見せながら、「7月末まで」「8月10日まで」「8月20日まで」と、3段階の期限目標を決めて、できそうなものから計画的に取り組むよう、「計画」や「目標」の立て方について説明している。そして、二宮尊徳（金次郎）さんの「積小為大」や、イエローハットの創業者である鍵山秀三郎さんの「微差・僅差の積み重ねが大差となる」という言葉の解説を加え、こうした力が本校の目指す「社会人基礎力」につながり、「社会に出てからも生きて働く力」につながるのだということを伝えている。

4　アクションプラン（行動目標）を作成する

　アクションプランとは、「目標を成し遂げるための行動目標」である。しかし、行動目標を立てただけで、果たして目標が達成できるだろうか。また、目標や計画を共有しただけで、教職員が目標達成に向けてチーム一丸となって躍動する集団になるだろうか。目標を達成するためには、「いつまでに」「何を」「どうするか」を決定し、それをチームで共有し、進捗状況を把握することで、目標達成までのプロセスが明らかになる。そうすることで初めて、実行力のある真の「アクションプラン」と呼べるのである。そのための大前提は、全員が参加して「アクションプラン」を作成することだと考えている。

　アクションプラン作成に当たっては、述語を「積極的に提言をする」

アクションプラン

○積極的に提言をする。
○もっと情報共有を行う。
○授業改善に努める。

➡ これでは絵に描いた餅
（実現する見込みがない）

何か月以内に何を何回行う。

「もっと情報共有を行う」「授業改善に努める」などという漠然としたものではなく、「SMARTの法則」にあるように「期限」「数値」「いつ」「何を」「どうするか」「どこまでやるか」「どうやってやるか」といった測定（評価）可能で具体的な言葉で提案しなければ、所詮「絵に描いた餅」になりかねない。

5　アクションプランは「S・S・K」の視点で考える

　アクションプランを作る際には、次の「S・S・K」の考え方を推奨したい。
　アクションプランに並べられた「行動目標」を分析してみると、だいたい下の3種類に分類されることが多い。
　これを意識すると行動目標も立てやすい。「3段階のスモール・ステップ」(p.13)で述べた「夏休みの目標」を例にとってみても、「新しく始める目標」（Start）ならば、「夏休みの補習には必ず参加する」となり、「やめる・やらない目標」（Stop）ならば、「夏休みの補習は1日も休まない」となり、同じ目標でも表現は違ってくる。また、「継続する目標」（Keep）ならば、

「夏休みも、普段と同じように毎日2時間は勉強する」となる。こうした3つの視点で考えると、目標設定も容易である。「『高さ』と『早さ』の3段階のスモール・ステップ」と「S・S・K」を組み合わせて、目標設定の精度を高めていってほしい。

4 魅力的で独創性のあるキャッチ・コピーを考えよう

●POINT
・「目標」と「スローガン」は違う。
・「形」が力を持ってくる。
・学校オリジナルの「キャッチ・コピー」をつけよう。

1 「目標」と「スローガン」の違いを知る

　学校には、「目標」と「スローガン」という言葉が混在している。この違いをあまり理解していないため、ほぼ同義で使っている学校が多い。

　「目標」は、「いつまでに、何を、どうする」といった達成できたかどうか評価するためのものであり、具体に行動化できるものでなければならないことは、先述したとおりである。

　一方、「スローガン」は、「団体や運動の主張や目標を強く印象づけるために、効果的に要約した文章。標語。」（大辞林）とあり、目標のように「達成した・しない」を求めていない。つまり、「スローガン」は、いわゆる「キャッチ・コピー」なのである。

　4月、ある学級の学級担任に「学級目標は決まりましたか？」と質問したところ、「はい、決まりました。学級目標は、『絆』に決まりました」という答えが返ってきた。そこで、「じゃあ、その『絆』はどうやって評価するの？『絆』がどうなれば達成された状態と考えているの？」と少し意地悪な質問をし、教員が返答に困ったことがあった。確かに、『絆』を、キャッチ・コピーや標語と考えれば、学級の「掛け声」や「合言葉」として使えるのかもしれないが、これは先ほどの定義を当てはめて考えると、決して目標とは言えないことがわかる。教職員には、この「目標」と「スローガン」の違いを理解して、使い分けてほしい。

中学校のスローガンの例	
四字熟語	切磋琢磨　一致団結　十人十彩 日進月歩　有言実行　初志貫徹 百花繚乱　一期一会　粉骨砕身
英語	Do your best for everything. One for all, all for one. Never give UP!　Time is money! Memory of Best Friends.
漢字二文字	飛躍　挑戦　考動　努力　笑顔 未来　希望　飛翔　無限　団結
漢字一文字	夢　絆　煌　跳　翔

2　魅力的で独創性のあるキャッチ・コピーを流行らせる
　──「一流」という言葉の力

　私は、日ごろから書店の自己啓発本やビジネス本コーナーを訪れ、そこからたくさんのヒントを得るように心がけている。

　まず、そうしたコーナーで心惹かれるのは、そのタイトルのおもしろさである。さすがに、一流のコピーライターがタイトルをつけているだけあって、本の背表紙だけを見ていても飽き

> **「一流」がタイトルに付いている本**
> 「超一流の雑談力」「一流の打ち合わせ力」
> 「一流の人の話し方」「超一流の人の深い話」
> 「一流のリーダーになる野村の言葉」
> 「一流の育て方」「一流のビジネスマナー」
> 「仕事の一流、二流、三流」『「一流」の仕事』
> 「一流になれる読書術」「一流コーチのコトバ」
> 「店長の一流、二流、三流」「一流の男」
> 「一流リーダーは『見た目』が違う」
> 「一流の人に学ぶ自分の磨き方」
> 「一流をめざすメンタル術」「一流の達成力」　等

ることがない。実際、書店には、50万部以上のベストセラーとなった安田正さんの「超一流の雑談力」を始めとする「一流」という言葉がタイトルに付いている本がたくさん並んでいる。「一流」という言葉に、きっと人は魅力を感じ、惹きつけられるのだろう。また、ほかにも「最高」や「すごい」といったタイトルも多く使われている。

　私が、日ごろ教職員や子どもたちに投げかけている「一流の学校」「一流の挨拶」「一流の掃除」等の言葉も、ここからヒントを得ている。こうした言葉は、一度や二度、投げかけてもなかなか教職員や子どもたちの心の奥まで浸透しない。とにかく、事あるごとに「一流」という言葉を使って話をし、「一流」という言葉を使ってほめ、「一流」という言葉を使って評価することで「一流」という言葉を校内に流行らせていかなければ、「一流」という言葉は力を持ってこない。こうした取り組みをここ数年継続してきたことで、本校の子どもたちは、「一流」という言葉を使って、様々な目標に掲げられるまでに成長してきた。次頁の写真は本校生徒会の掲示板だが、生徒会の「学習・文化委員会」「生活委員会」「環境委員会」「保体委員会」すべての専門委員会の活動目標に「一流」という言葉が使われている。「一流の学校」を目指す取り組みが、学校の文化として定着してきた。

　私が、この「一流」という言葉を学校で流行らせているのはほかにも理由がある。最近は、県内外のいろいろな学校を見る機会をいただくのだが、何校かには、校舎の玄関や廊下に「日本一の学校になろう！」というスローガンが掲げられている。確かに「掛け声」や「応援メッセージ」としてはいいのかもしれないが、これでは、「叫びっぱなし」で評価することができないことに気付く。特に、子どもたちにとって、近隣の学校であっても、他校が何をしているかその取り組みの中身まで知る由もないし、県内、県外まで含めて、自分の学校が日本一になっているのかどうかなど測る物差しも持ち合わせていない。まして、日本で何番目なのかなど他校と比べようもない。その点「一流」という言葉が良いのは、「一流」には一定の幅があることだ。人間誰しも、「二流」や「三流」と言われて

4 魅力的で独創性のあるキャッチ・コピーを考えよう

良い気はしない。そうした意味では、教職員や子どもたちのプライドを刺激することもできるし、「一流」「二流」「三流」という具体の評価基準を設けることで、目標が具体的になり、その目標達成に向けて、努力を続けることができる。また、今自分たちがどの位置にいるかを知ることにもつなが

り、自分たちの成長の度合いを可視化することもでき、メタ認知能力も高まるはずである。

3 「形」の力——言葉から受けるイメージを大切にする

　本校では、様々な取り組みに対して、オリジナルのネーミングを付け、生徒たちが主体的な活動になるよう工夫している。

[行事等のネーミングの工夫]

① 学力向上対策 **「嶺中八策」**（嶺中…嶺北中の略称）
　→　坂本龍馬の船中八策から
② 本校の目指す生徒像（資質・能力）**「嶺北ＡＣＴ」**
　→　アクティブ・ラーニングの「アクト」から
③ タイムマネジメント力育成のために導入したビジネス手帳 **「Smile 手帳」**
　→　生徒会が命名
④ 社会に開かれた教育課程を意識した **「知のツール BOX『MIRAI ノート』」**
　→　全校生徒に名前を募集
⑤ 「表現力」育成のための探究活動 **「さくらプロジェクト」**
　　総合的な学習の時間の成果発表としての学習発表会 **「さくらプロジェクト発表会」**
　→　町花の「さくら」から
⑥ 新入生歓迎の春の遠足 **「新歓ピクニック」**
　→　生徒会が命名
⑦ 中1ギャップ解消に向けた集団宿泊学習 **「コミュニケーション・キャンプ」**
　→　ALT が命名
⑧ 「主体的・対話的で深い学び」を実現するための学習指導案 **「探究的な学びの構想を可視化する授業プラン」**
　→　「探究的な学び」から

5 「ゴール」からの「逆向き設計」で、PDCAを考える

● POINT
・「逆向き設計」で具体の道筋が見えてくる。
・学校教育目標や研究主題などは、みんなで考えることが大切。

1 「逆向き設計」

　結果を出すためには、「ゴール」までの道筋をイメージしなければならない。明確な「ゴール」がイメージできれば、そこまでにやらなければならないこと、PDCAの具体の道筋が見えてくる。

　つまり、ゴールから「逆向き設計」をしていくことが大切なのである。

　ビジネスシーンでは、「プレスリリース」がこれに当たる。企画を下から積み上げていくのではなく、「プレスリリース」から商品設計に落とし込むという考え方だ。山に登ることを例にとった場合、「山に登りながらどうやって頂上にたどり着くかを考える」のではなく、「頂上から一番効率的な登山ルートを考える」という逆算型の考え方である。

　目標達成に向けて、「いつ(When)」「どこで(Where)」「だれが(Who)」「なにを(What)」「なぜ(Why)」「どのように(How)」を考えて、逆向きにPDCAを考えるのである。

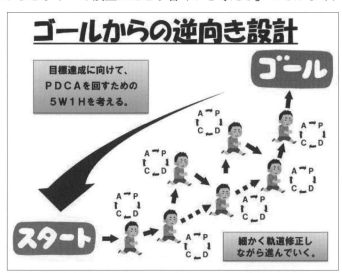

2 学校教育目標や重点目標、研究主題などは「みんなで考え、みんなで創る」

「カリキュラム・マネジメント」の大原則は、教職員全員で取り組むことである。

私は、学校教育目標や重点目標、研究主題などが自分たちの目標にならない、覚えていないといった要因は、人が作ったものを押し付けられるという「受け身」の姿勢にあると感じている。「本物の目標」になっていないのである。

普通に考えても、自分たちが現状分析を行った後、協議し考え、主体的に練り上げて作った目標と、人から与えられ強制された目標では、物事に立ち向かう原動力に大きな差が生まれるのは当然のことである。

そこで、本校では、こうした目標を「みんなで考え、みんなで創る」取り組みを始めることにした。学校教育目標については、今までも3月になると、教職員に「来年度の学校教育目標は何にしますか?」と意見は聞いてきたのだが、私が期待している反応はほぼ返ってこない。また、ある研修会で、こうした学校教育目標や研究主題などの作り方をプレゼンした際、参加者から「学校がこういう目標設定が適切にできていない要因は、校長にあるのでしょうか?」と質問を受けたが、これを校長だけの責任と考えることは難しい。これまで、学校教育目標を立てるという経験のない教職員に、いきなり「学校の看板」＝大目標を立ててみろというのも所詮無茶な話である。また、大学の教員養成課程でも新規採用教員研修においても、「PDCAの回し方」「目標の立て方」「企業感覚」などを学ぶ時間は全く設けられていない。学校の教員という職種は、こうした目標を立てた経験もなければ、そのノウハウも持ち合わせていないのである。

そこで、教職員のこうしたスキルアップが図れるツールはないか、教職員全員でこうした目標設定ができるフレームワークはないかと模索している中、出合ったのが「大谷翔平選手が高校1年生の時に創った目標達成表」、いわゆる「マンダラート」であった。

第2章

「学校経営マンダラート」の内容と活用

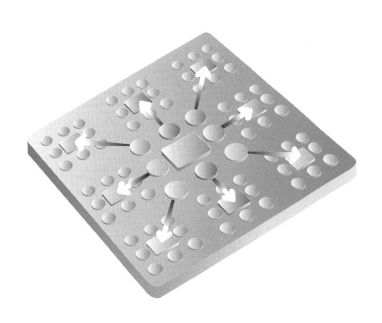

1 「マンダラート」の意義と目的

●POINT
・フレームワークを使うことで、目標設定のスピードアップにつながる。
・マンダラートは、語り合いの場を生み出すフレームワークである。
・目標設定には、「事実の把握」が大切。「空→雨→傘」のフレームワークで考えよう。

1 フレームワークの必要性

　学校の教員は、教えることに関してはプロフェッショナルと言えるのだが、殊更「経営」に関しては、企業や商社などと違って直接営利を目的としないため、ビジネスマンほど経営感覚に長けていない。これは、校長も教職員も同様である。校長といっても、教諭時代を何十年も経て、教頭、校長と昇任してきたわけであって、経営スキルを高める研修を特別に行ってきたわけではない。これは、教育委員会など行政職を経た管理職もほぼ同様だろう。

　こうしたことが、第1章で書いたように、学校が、目標を達成するためのPDCAサイクルを回すための一丁目一番地とも言える「目標設定」や「PDCAの運用」がうまくできないことにつながっている。

　「目標」というのは、経営者（校長や教頭）だけが理解していても、学校現場の第一線でPDCAを回す教職員が理解、納得していなければ、所詮目標は「絵に描いた餅」であり、到底達成することはできない。

　学校という組織が、目標設定が適切にできない理由としては、①今まで学校文化として目標設定に重点を置いてこなかったこと、②教職員が学校目標や個人目標といった目標設定のスキルを高めてこなかったこと、③目標設定を行うにしても、適切な方法を知らないこと、などが考えられる。

　そこで、「目標設定」がうまくできるようになるために、教職員にお勧めしたいフレームワークが、今から紹介する「マンダラート」である。

　フレームワークとは、「考えるための枠を決めておくこと」であり、この枠の中で考えるという状態を意図的につくることになる。このフレームがあるだけで、「考えること」

「目標設定」のスピードアップにつながる。もちろん「PDCA」という考え方も、そんなフレームワークの一つと言える。

ほかにも、「マッキンゼー・アンド・カンパニー」（Mckinsey&Company）などのコンサルティング業界で広く親しまれている「空→雨→傘」なども、論理的思考を導くフレームワークとして有名なものである。これは、

「空」－「空」を見ると、曇っている。
「雨」－「雨」が降るのではないか。
「傘」－だから、「傘」を持っていこう。

と、事実から対策行動を考えるという流れになっている。「空」・「雨」・「傘」のそれぞれが、「事実の把握」→「事実に基づく分析・解釈」→「分析・解釈に基づく行動・提案」の思考過程を示している。ここでは、事実を把握するために、「空を見ると」という、空をじっくり「観察する」という行為が必要になってくる。事実を把握するためには、データや情報の収集を丁寧に行うことが大切なのである。

これを、飲食店で考えると、「お客さんの数が増えない」→「店の存在が知られていないからだ」→「店の広告を出そう」というように、事実をデータから割り出し、その要因がわかっているような場合では、こういう思考過程になる。

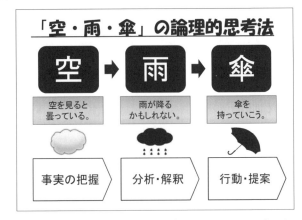

一方、要因がわからない場合だと、「高校の入学生が増えないどころか、減少してきている」→「これは、学校に魅力がないからだ」→「なぜ中学生から選ばれないのか、その理由をマーケティング調査しよう」という、一歩前に戻った思考過程になる。

目標設定を行うためには、こうした「事実の把握」や「事実に基づく分析・解釈」が必要不可欠なのである。

では、学校の場合の「事実の把握」とは何を指すのだろうか。児童・生徒で言うと、教科等の学力や学習状況、道徳性や生活態度、体力や健康状態、思考力や表現力、自己肯定感、友人関係、家庭状況等、様々な視点が考えられる。教職員では、授業や学校行事などの教育活動、協調性や同僚性、健康状態、人間関係、保護者や地域との関係、研究・研修の在り方、勤務実態等の視点が挙げられる。

こうした様々な視点について、校長である私がすべてを把握しているかと聞かれても、概ね理解はしていても、すべてについて自信をもって答えることは難しい。多分、私が知っているのは断片的な一側面であり、他の教職員についても同様と考えられる。各教職員が持っている断片的な一側面を持ち寄り、集積させることでしか、学校の「事実の把

握」はできないのである。

　だからこそ、教職員みんなで、子どもや学校の実態や課題について話し合い、そこから目指す児童像や生徒像、スローガンや合言葉、学校の教職員全体で取り組む手立てなどを共有し、どのような学校教育を目指すべきなのか、目の前の子どもたちに今何が必要なのか、といったことについて語り合う場が必要なのである。このプロセスを大切にしながら、学校教育目標や重点目標に全員で迫っていきたい。

　こうした語り合いの場を生み出すことに適したフレームワークこそが、これから紹介する「マンダラート」なのである。

2 「マンダラート」とは

　マンダラートとは、1987年に今泉浩晃氏によって考え出されたもので、アイデアを整理・外化し、思考を深めていく「アイデア発想法」のことである。これも、フレームワークの一つである。現在、大リーグのロサンゼルス・エンゼルスで二刀流として活躍している大谷翔平選手が、花巻東高校時代に「目標達成表」として実践していたことがマスコミに取り上げられ脚光を浴びた。別名「マンダラチャート」や「マンダラシート」とも呼ばれているが、本書では、「マンダラート」という名称で紹介していくこととする。

　マンダラートの「マンダラ」の名前の由来は、密教の「曼荼羅」から来ている。「曼荼羅」とは、古典サンスクリット語の「mandala」を漢字で表現した言葉で、「曼荼（マンダ）」とは、「ものの本質、真髄」という意味、「羅（ラ）」とは、「所有する、与える、持つ」という意味であり、「曼荼羅」とは「真髄を与えるもの、ものごとの本質を有するもの」といえる。つまり、「マンダラート」とは、「曼荼」を「羅」する「アート（芸術・技術）」と解釈できる。また、3×3のマス目が「曼荼羅」に似ていることにも由来すると言われている。「曼荼羅」とは、「仏の悟った境地やその境地の備わる功徳を絵に表したもの」と言われており、方形や円形の区画の中に、定められた方式に従って幾何学的に整然と配置して描いた図の総称である。

3　大谷翔平選手の「マンダラート」

　ここで、大谷翔平選手が、花巻東高校の1年生の時に作成したと言われる「目標達成表」について紹介したい。次の図がその「目標達成表」に書かれた内容である。

　大谷選手の目標達成表の真ん中の白抜き文字の部分には、「プロ野球ドラフト1位指名8球団」と、大谷選手本人が一番叶えたい夢や目標が書かれている。そして、それを囲むように、周囲のグレーの部分には、その夢や目標を達成するための「要素」が書かれている。大谷選手が、「プロ野球ドラフト1位指名8球団」を達成するために必要な要素とし

て挙げたのが、「体づくり」「コントロール」「キレ」「メンタル」「スピード160km/h」「人間性」「運」「変化球」の8項目である。実際の野球の技術や体力づくりだけでなく、日常生活における「人間性」や「運」を挙げているところが面白い。さらに、その8個の必要な要素の周りの白い部分には、その要素を達成するための具体的な「方策」(関連語句)が示されている。

■大谷翔平が花巻東高校1年時に立てた目標達成表

体のケア	サプリメントをのむ	FSQ 90kg	インステップ改善	体幹強化	軸をぶらさない	角度をつける	上からボールをたたく	リストの強化
柔軟性	体づくり	RSQ 130kg	リリースポイントの安定	コントロール	不安をなくす	力まない	キレ	下半身主導
スタミナ	可動域	食事夜7杯朝3杯	下肢の強化	体を開かない	メンタルコントロールをする	ボールを前でリリース	回転数アップ	可動域
はっきりとした目標、目的をもつ	一喜一憂しない	頭は冷静に心は熱く	体づくり	コントロール	キレ	軸でまわる	下肢の強化	体重増加
ピンチに強い	メンタル	雰囲気に流されない	メンタル	ドラ1 8球団	スピード160km/h	体幹強化	スピード160km/h	肩周りの強化
波を作らない	勝利への執念	仲間を思いやる心	人間性	運	変化球	可動域	ライナーキャッチボール	ピッチングを増やす
感性	愛される人間	計画性	あいさつ	ゴミ拾い	部屋そうじ	カウントボールを増やす	フォーク完成	スライダーのキレ
思いやり	人間性	感謝	道具を大切に使う	運	審判さんへの態度	遅く落差のあるカーブ	変化球	左打者への決め球
礼儀	信頼される人間	継続力	プラス思考	応援される人間になる	本を読む	ストレートと同じフォームで投げる	ストライクからボールに投げるコントロール	奥行きをイメージ

(注) FSQ、RSQ は筋トレ用のマシン

[具体的な大谷翔平選手の目標設定(一部)]

○「体づくり」→「FSQ90kg」「RSQ130kg」「食事夜7杯、朝3杯」
○「コントロール」→「インステップ改善」「リリースポイントの安定」「体を開かない」
○「キレ」→「回転数アップ」「上からボールをたたく」「ボールを前でリリース」
○「メンタル」→「頭は冷静に心は熱く」「はっきりとした目標、目的をもつ」「一喜一憂しない」
○「スピード160km/h」→「軸でまわる」「ライナーキャッチボール」「体重増加」
○「人間性」→「愛される人間」「信頼される人間」「礼儀」「感謝」「思いやり」
○「運」→「プラス思考」「本を読む」「審判さんへの態度」「部屋そうじ」
○「変化球」→「ストレートと同じフォームで投げる」「スライダーのキレ」 等

2 「マンダラート」の作り方

●POINT
・最初は、3×3の簡易版マンダラートで考えてみよう。
・大谷選手の目標達成表を参考に9×9のマンダラートの作り方を知る。
・「目標」から「要素」、「要素」から「方策」へと派生することで目標を具体化させていく。

1 「マンダラート」の基本形（3×3マス）と「簡易版マンダラート」

　マンダラートの基本ルールは、9つのマスの真ん中にメインテーマや目標、夢などを書き込み、周辺のマスに関連する内容項目を入れていくというとてもシンプルなものである。

　例えば、2019年の個人の目標設定に使うこともできる。まず、真ん中に「2019年の自分の目標」を簡潔に記入し、その目標に近づくために必要な要素を周囲のマスに記入していく。

基本形【例】 目標　2019年「周りの人から信頼される人間になる」

仕事	社会貢献	友人
コミュニケーション力	2019年 周りの人から信頼される 人間になる	健康・体力
家庭・家族	自分の学び	自分の時間

　それができれば、あとは各項目に詳細を記入していくのだが、その際には、大谷選手のように、後から振り返りやすいようにできるだけ具体的に、定量的に行動計画を立てるこ

とが望ましい。

次に示したものが、基本形を活用し、それぞれの要素に行動目標まで落とし込んだ筆者考案の「3×3簡易版マンダラート」である。9×9の「マンダラート」では全部埋めるのに時間と手間がかかるが、これならば短時間のマンダラート研修や短期の個人目標設定でも活用できる。それぞれの項目に三つずつ行動目標を記入していくことで、目標達成に向けて日々どうしていけばよいかが少しずつ明らかになってくる。また、この作業を行うことで、「仕事」「家庭・家族」「自分の時間」など、それぞれ一見すると無関係に見える要素であっても、実際には互いに繋がり合っていることに気付くことができる。

ここでは、最初の二つの行動目標は、語尾を「～する」とし、あと一つの行動目標は、「～しない」とし、「肯定的」な表現と「否定的」な表現で目標を示している。

目標設定のスキルが向上してくれば、第1章で紹介した目標の「3段階のスモール・ステップ」(p.11参照) で考えたり、「S・S・K」(p.14参照) の三つの視点で考えたりと、目標の作り方をいろいろ組み合わせることで、目標の精度は一層高まってくると考えている。

3×3簡易版マンダラート

【例】 目標 2019年 「周りの人から信頼される人間になる」（筆者作成）

【仕事】 ○約束の期日や時間は100％守る ○率先垂範で、後輩の模範となる △決めつけた言い方をしない	【社会貢献】 ○地域の清掃活動に必ず参加する ○年に2回以上献血に行く △何事にも「見返り」を求めない	【友人】 ○他職種の友人と月1回以上交流する ○同窓会などに必ず参加する △金銭の貸借は絶対にしない
【コミュニケーション力】 ○発表回数を増やしプレゼン力を高める ○ポジティブな言葉を多く使う △品格のない言葉は使わない	2019年 周りの人から信頼される 人間になる	【健康・体力】 ○睡眠時間を6時間以上は確保する ○毎日20分はウォーキングをする △就寝2時間前からは何も食べない
【家庭・家族】 ○自分のできることは自分でする ○「ありがとう」の言葉を増やす △家族に嘘をつかない	【自分の学び】 ○良い本を多く読み、教養を高める ○他者評価には、素直に耳を傾ける △先入観をもって物事を判断しない	【自分の時間】 ○趣味を持ち、芸術を楽しむ ○ビジネス手帳で時間管理をする △家にまで仕事を持ち込まない

（○は～する △は～しない）

2　9×9「マンダラート」の書き方

大谷翔平選手が行った「マンダラート」は、目標達成のために必要な要素8個を外側に派生させたもので、中心にある最初の基本形である9マスの周りに9マスの基本形を外に8個並べると、合計81マスが作られる。メインテーマである「目標」からどんどんと派生しながら作られていくことになっているので、それぞれのマスに入っている語句はすべ

第２章 「学校経営マンダラート」の内容と活用

て最初のメインテーマ「目標」に関連があるものになる。

　次の図からもわかるように、中心にある３×３マスの中央にあるのがメインテーマ（目標）で、その一つのメインテーマから派生して、合計で81マスすべてが埋まるのだが、最終的には、一つのメインテーマから派生した64個の「方策」が抽出されたことになる。これが、「マンダラート」が「アイデア抽出法」と言われる所以でもある。

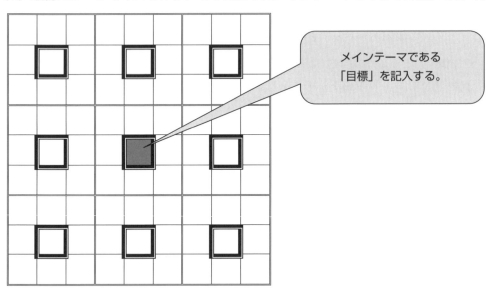

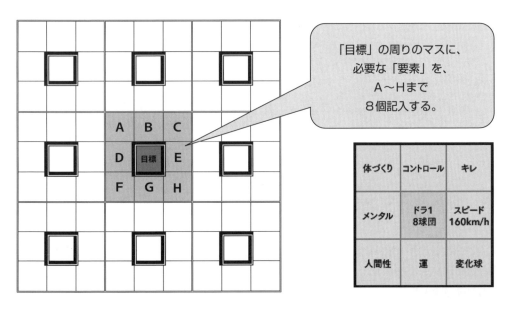

2 「マンダラート」の作り方

（3）目標達成に必要な「8個の要素」を、周囲の8個の3×3マスの中央に入れる。

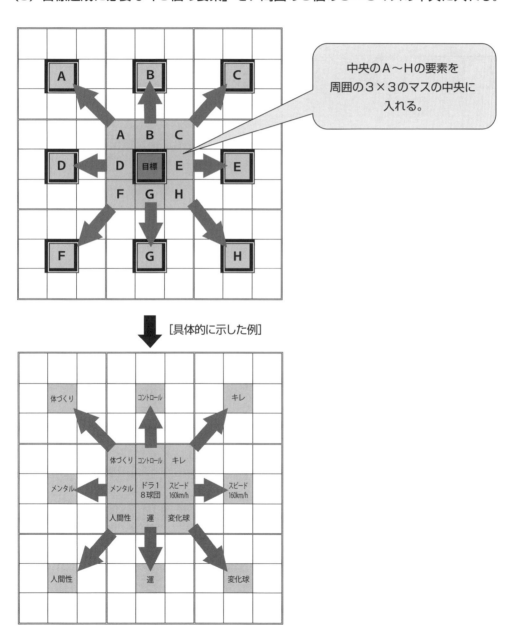

中央のA～Hの要素を周囲の3×3のマスの中央に入れる。

［具体的に示した例］

29

第2章 「学校経営マンダラート」の内容と活用

(4)「8個の要素」を成し遂げるための「方策」を、それぞれ「要素」の周りに8個書く。

周りの3×3マスの周りに、それぞれの「要素」を成し遂げるための「方策」を8個ずつ入れていく。
合計64個の方策ができあがる。

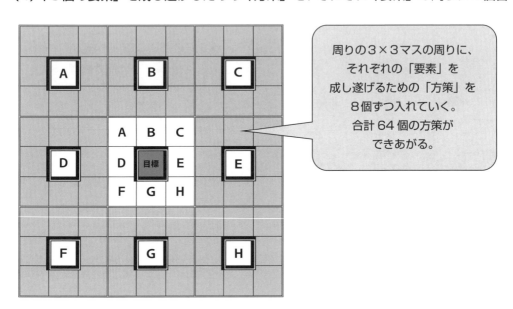

大谷翔平選手が高校時代に実際に書いた目標達成表

3 「マンダラート」の使い方

●POINT
・「目標」は、目に見えるところに置こう。
・期日を決めて、定期的に点検・評価する。
・目標は絶えず見直す。
・目標を変える勇気もときには必要。

1 「マンダラート」の使い方

(1) 目に見えるところに置く

　「目標」は、意識するのとしないのとでは、圧倒的に達成率が違ってくる。「目標」は日々確認していないと「目標」としての意識が薄れ、次第にただの「お題目」や単なる「決意」で終わってしまう。必ず目に触れるところに置いておきたい。

(2) 期日を決めて、定期的に点検・評価していく

　大谷選手が高校1年生のときにこの目標達成シートを作り、高校3年間で成し遂げると最終期日を決めていたように、目標には達成に向けて期限を設ける必要がある。ダラダラと長い時間をかけていては、モチベーションを上げ、継続していくことは難しい。したがって、期日を決め、定期的に点検・評価していくことが大事である。長期目標にする場合であっても、第1章で書いた、3段階のスモール・ステップ（p.11参照）を活用し、「一里塚」を設定し、取り組んでいくことをお勧めしたい。期限については、学校の場合、1年ごとにクラス替えがあったり、1年ごとに入学生・卒業生とメンバーが入れ替わったりすること、そして、生徒会の任期も1年ということから、1年として取り組んだ方が目標設定しやすい。また、学級や委員会活動などの場合は、1か月ごと、学期末ごとに、点検・評価を行うことが肝要である。

(3) 目標は絶えず見直すこと。変える勇気もときには必要！

　目標を定期的に点検・評価していくと、「目標自体が適切ではないのではないか」「目標を下方修正した方がよいのではないか」「ほかに良いアプローチの方法が見つかった」と

いう場面に直面する。私は、そんなとき、迷わず「変更」することにしている。「到底達成できない目標」「やっていて出口が見えない目標」をいくら掲げていても、これこそ「絵に描いた餅」である。学校の場合、４月に立てた目標は、ほとんどの場合、１年間変えることはない。しかし、「目標」が適切でない場合、現状とあまりにかけ離れている場合、抽象的で教職員の心に落ちていない場合などは、即「変更」を決意してほしい。学級に例えた場合、目標として100％を望んでいても、家庭環境の変化、求められる高度な支援など成長段階における様々な問題により、どうしても目標達成が難しい場合がある。現状で50％しか達成できていなければ、目標を70％や60％に下げ、「成功体験」を重ねさせた方が、その後の自信につながり、次も達成しようという意欲や向上心につながるものである。

　しかし、「変更」と言っても、教職員から「変更」はなかなか言い出しづらいものがある。そんなときこそ、校長の出番であり、トップの決断のときである。教職員に、変更の理由をきちんとわかりやすく説明し、すぐに変更の手続きに一歩足を踏み出してほしい。「一度決めたものは変えない」という頑固さもときには必要なのだが、ここでは「変更」することを躊躇わない勇気も持ち合わせてほしい。

　「カリキュラム・マネジメント」とは、PDCAを効率的に回すことである。行動して（D）、評価し（C）、それが適切でなければ改善（A）しなければ、PDCAは回らない。「目標」においても、PDCAの観点を忘れないでほしい。

4 「マンダラート」研修の方法

●POINT
・「マンダラート」の意義や必要性を共有する。
・個人思考からグループワークへとつなげていく。
・グルーピングにも工夫が必要。
・「拡散的思考」と「収束的思考」をうまく組み合わせる。

1 「マンダラート」の意義や必要性を共有する

　授業でも同じことが言えるのだが、まず教職員に「マンダラート」の必要性を知ってもらう必要がある。教職員が研修内容に興味・関心を示さなければ、ただの「受け身」の「やらされ研修」になってしまい、決して主体的な研修とは言えない。研修こそ、教職員に「主体的・対話的で深い学び」を求めていきたい。そのためには、第1章で述べた目標設定の意義をコンパクトにまとめ、「カリキュラム・マネジメント」は管理職だけが行うものではないということ、教職員が日々当たり前に行っていることが「カリキュラム・マネジメント」そのものである、という認識を教職員間で共有する必要がある。それを理解してもらわない限り、「カリキュラム・マネジメント研修」は、所詮「他人事」で終わってしまう。

　ワークショップ型研修を実施する際にもっとも重要なことは、何のためにこの研修を行うのか、この研修の「GOAL」はどこなのかを明確にしておくことである。また、研修の流れや時間配分、研修終了時の姿をイメージしておくことも大切になってくる。

　「マンダラート研修」で注意したいのは、一度の研修で完璧なものを作ろうとしないことである。完璧なものを作らなければならないとなると、時間もかかり作業効率も鈍ってしまい、思考も停滞してしまう。

　まずは、「一定の時間」で「一定の質」のものが完成できればよしと考えることである。

2 最初は、個人で考える

　「マンダラート」は言わば「アイデア抽出法」である。とにかく、たくさんのアイデア

を出させることが大切なのである。したがって、最初から、グループで一つのものを創るのではなく、まずは個人思考でアイデアをできるだけ多く出させたい。ただ、初めて「マンダラート」を行う場合は、想定以上に時間がかかることが多く、「どこまで考えるのか」「どれくらいアイデアが出揃えば、グループワークに移るのか」という枠（フレーム）を決めておくとよい。

この段階は、できるだけ多くのアイデアを出すことが目的なので、ウェビングの手法を活用したい。ウェビングの「ウェブ」とはクモの巣という意味で、クモが巣を作るように一つのキーワードからつながりのある事柄をつなげたり、その解決のために必要な事柄や方策を考えてつなげたりして、網のように広げていく「連想ゲーム」のような手法のことである。思考を止めることなく、頭に思い浮かんだことは、とりあえず記入して残しておくようにする。

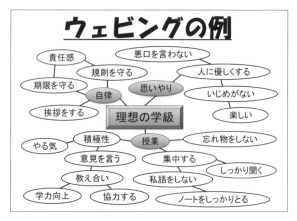

3　グルーピングを工夫する

個人思考から、次は、グループ協議に移るのだが、そこで大切になってくるのが、グルーピング、つまりメンバー構成をどうするかである。

私は、自校でこうした研修を行う場合、年齢ごとにグルーピングをすることにしている。初任者や採用5年未満の若年グループ、採用から5年～10年の中堅グループ、ミドルリーダーと言われる採用から15年前後のグループ、ベテランと言われる採用から20年以上のグループ等で構成し、実施している。

こういう経験年齢層でグループを構成する最大のメリットは、年齢が近いということもあり、活発な意見交流が行われやすいことにある。人間の考え方には、特定の人の意見にどうしても引っ張られるという特性があると言われている。若年層の教員が、ミドルやベテランのグループに入ると、年配者への配慮から自分の意見を言いづらい状況ができてしまい、どうしても年配者の意見に引っ張られてしまう傾向がある。

不特定多数の研修会場の場合は、近くの席同士でグループを組まざるを得ないのだが、自分の学校のように、事前に意図的なグルーピングが可能な場合は、こうしたグルーピングで行うと、より多くのアイデアが生まれやすい。

また、本校では、校内研修は、事務職員や学習支援員も必ず参加することとしている。学校の戦略を考える場合、予算や環境整備を外して考えることはできない。そういう意味

からも事務職員が研修に参加する意義は大きい。学習支援員についても、日々子どもたちと身近に接していることから、参加するのは当然である。時間や日程が合えば、スクールカウンセラーやスクール・ソーシャルワーカーなどにも参加してほしいものである。

こうした経験年齢層のグルーピングで研修をしていると、面白い傾向が見えてくる。それは、決まったように、一番困った顔をして頭を悩ませているのは、ベテラングループ（再任用含む）なのである。長年にわたり染みついた「一問一答の呪縛」「完璧な正解を導かなければならない」という考え方や経験が、柔軟で自由な思考をストップさせているのである。また、ウェビングのような思考ツールや「マンダラート」のようなフレームワークを使った研修に不慣れなことも影響していると思われる。

そうしたベテラングループには、「正解ではなく、アイデアを出すことが目的」なので、今までの経験則から逸脱してもよいので、「自分が学校長だったら……」という立場で考えてほしいとアドバイスをすることにしている。

4　グループで考える→「拡散的思考」と「収束的思考」

次は、グループワークである。子どもたちにグループワークを設定する場合にもよく言われることだが、話し合いをする前に、自分の意見を持っていなければグループワークは意味をなさない。グループで集まって話し合いをすることが大切であるということに、異議を唱える者はいないと思いたいのだが、ここで、大切なことは、「話し合いの目的を明確にすること」「自分の考えをしっかり持ったうえで話し合いに参加すること」である。

グループワークのメリットは、①メンバーが集まって意見を出し合える、②グループ全体で方向性を決められる、③新しい発想やアイデアに出会える、④違う見方や考え方に触れる、⑤課題解決を図れる、⑥仲間意識が醸成される、など挙げれば数限りない。

ここでは、「拡散的思考」と「収束的思考」の2種類の発想法で整理していきたい。「拡散的思考」と「収束的思考」とは、アメリカの心理学者ジョイ・ギルフォードが提唱した概念で、人間の思考の二つの側面を表している。

「拡散的思考」とはインプットしている情報からアイデアを自由に広げるタイプの思考であり、与えられた情報から様々な新しい情報を作り出す思考法のことである。ここで求められるのは、アイデアの質ではなく量である。特に、常識や先入観にとらわれない自由な

グループワーク

思考を行うことで、新しい発想や想定外のアイデアにつながることが多い。参加者には自由に多くの意見を出させたい。

一方、「拡散的思考」で出されたアイデアをまとめ上げるのが「収束的思考」である。拡散的思考で出されたアイデアをグルーピングし、それぞれのグループごとのテーマや関係性などを議論し、コンセプトやシナリオを創り上げていくという「KJ法」も「収束的思考」の一つと言える。

ここでのグループワークでは、①個人のなかで「拡散的思考」によってアイデアを表出、②個人のアイデアを「拡散的思考」によりグループ内に拡散、③拡散されたアイデアを「収束的思考」によって絞り込む、という作業を行っていく。有名なエジソンやアインシュタインも、意識的に「収束的思考」と「拡散的思考」を活用し、「拡散的思考」で発想やアイデアがひらめいた後、「収束的思考」で追求を繰り返していたと言われている。

研修においては、こうした「拡散的思考」と「収束的思考」を意識的に場面分けしていく必要がある。

5 みんなで考え、みんなで創る「マンダラート」

●POINT
- マンダラートは、みんなで考え、みんなで創ることに意味がある。
- まずは「仮キュラム」でスタートしよう。
- トップダウンからボトムアップへ。
- 学校経営戦略は、「Mission」「Strategy」「Tactics」で考えよう。
- マンダラートでは、「Strategy」の配置に意味づけをしよう。

1 みんなで考え、みんなで創ることが大切

　みんなで考え、みんなで創ることの必要性について、中央教育審議会で言及している部分があるので紹介したい。

> （全ての教職員で創り上げる各学校の特色）
> ○　「カリキュラム・マネジメント」の実現に向けては、校長又は園長を中心としつつ、教科等の縦割りや学年を越えて、学校全体で取り組んでいくことができるよう、学校の組織や経営の見直しを図る必要がある。そのためには、<u>管理職のみならず全ての教職員が</u>「カリキュラム・マネジメント」の必要性を理解し、日々の授業等についても、教育課程全体の中での位置付けを意識しながら取り組む必要がある。
> （中央教育審議会答申「幼稚園、小学校、中学校、高等学校及び特別支援学校の学習指導要領等の改善及び必要な方策等について」2016年12月）　　　　　　　　　　（下線部筆者）

　「マンダラート研修」の意義は、とにかくみんなで考え、みんなで知恵を出し合い、みんなで創り上げることにある。

　この「マンダラート研修」で扱うテーマについては、いろいろ考えられるが、全教職員対象の場合、「1年間の学校経営戦略会議」「学級経営戦略会議」「学力向上戦略会議」などをテーマにすると取り組みやすい。普通に考えると、学校経営戦略などは管理職やミドル層以上の者が立てるものだという今までの学校の常識を覆し、全員で経営戦略を練り上げるとなると、俄然、教職員の意識や意欲も高揚してくるものである。

　一方、児童・生徒を対象に実施する場合でも同様に、「居心地のいい学級にするための

作戦会議」「バスケットボール部県大会優勝に向けての戦略会議」などと銘打って行うと、児童・生徒も「作戦」や「戦略」といった言葉に高揚し、ポジティブな気持ちで取り組める。

　学校においても、学級においても、部活動や児童会・生徒会においても今までの上意下達（トップダウン）ではなく、下意上達（ボトムアップ）で、組織の目標や方策をみんなで考えることに意義があるのである。「完璧なものを創り上げる」のではなく、ここでも「みんなで考えること」に重きを置きたい。

　「カリキュラム・マネジメント」は、「カリキュラムを創り、動かし、変えていく営み」である。ダメならば変えていけばいい。完璧な計画ばかり求めていては、決して前に進むことはできない。「仮キュラム」と言われるように、もっと気軽に考えて、実行に移していきたい。

2　研修の全体像とゴールを知る

　本校で実施した「マンダラート研修」の実際を今から紹介したい。教職員には、次のパワーポイント資料を使って、研修の全体像とゴールを伝えた。「研修タイトル」は「経営戦略会議」とし、学校の教職員全員で今年の嶺北中学校の経営戦略を考えようという趣旨で実施することとした。本校の場合、第1章で書いてきた「カリキュラム・マネジメント」や「目標設定」について、幾度も研修も重ねてきており教職員の理解が進んでいるため、今回は「カリキュラム・マネジメント」の説明や「目標設定」については多くは語らず、「マンダラート作成」の意義や手順に時間をかけるよう配慮した。

　研修時間は、全体で2時間とし、最初の15分間で全体説明（プレゼンテーション）を行い、その後は、「一人学び」→「グループワーク」→「全体発表」→「振り返り」という流れで行っていくことを是認で確認し、研修を始めることとした。

プレゼンテーション資料

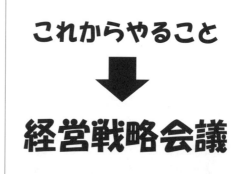

5 みんなで考え、みんなで創る「マンダラート」

目標や戦略を
みんなで考え、
みんなで創る。

この人知ってますか？

大谷翔平選手（ロサンゼルス・エンゼルス）

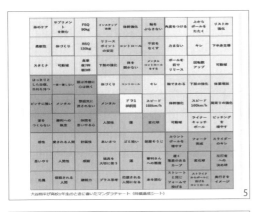

大谷翔平が高校1年生のときに書いたマンダラチャート（目標達成シート）

経営戦略マンダラート

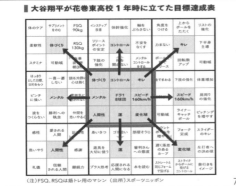

■ 大谷翔平が花巻東高校1年時に立てた目標達成表

（注）FSQ、RSQは筋トレ用のマシン　（出所）スポーツニッポン

経営戦略マンダラート

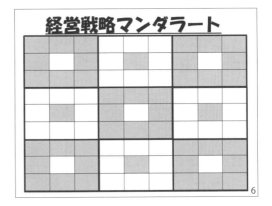

学校教育目標
社会人基礎力の育成

経営戦略マンダラート

重点目標　表現力育成　　学校教育目標　社会人基礎力の育成　　重点目標　学力向上

学力向上の八策・表現力育成の
八策等を考えながら完成させる。

嶺北中学校
オリジナルの
マンダラートを
完成させよう。

3 マンダラートの各項目について知る

次に、マンダラートの各項目について考えてみたい。

ここでは、右の図に示した「Mission（目標・到達点）」「Strategy（戦略・重点項目）」「Tactics（戦術・方策）」として示した。

学校の教職員全員で「カリマネ研修」を行う場合、9×9のマンダラートの中心は、当然「学校教育目標」である。第1章から繰り返し書いてきたことなのだが、学校の目指す姿や方向性が見えないような学校教育目標でこの作業を行った場合、目標が「自分

事」となっていないため、8個の「Strategy（戦略・重点項目）」は、それぞれバラバラの形で表出されることが多い。p.23「空・雨・傘」で示した論理的思考法で現状分析に基づいた学校教育目標の設定がなされていないことが、こういう結果を導いてしまうのである。

一方、学校教育目標が、日ごろから教職員の中に浸透されていて、ベクトルが揃っている学校では、8個の「Strategy（戦略・重点項目）」が、それほどバラバラに表出されることはない。目標が明確であれば、戦略が大きくぶれることもない。この学校教育目標から戦略を考えるという作業を全員で行うことで、自校の教育目標の再点検にもつながるのである。

次に、「Tactics（戦術・方策）」である。8個すべてを新たに考えるというのは大変な作業である。「Tactics（戦術・方策）」を考える際は、第1章で示した「『高さ』と『早さ』の3ステップ」や「目標設定のSSK」など、様々な目標指標を参考に気楽に考えてもらうようアドバイスを行った。

4 実際の研修の様子

研修の手順については、本校の「嶺北スタンダード」を活用し、本校の授業と同様の流れで行うこととした。この方法には、教員が生徒となり、生徒が普段の授業をどのような気持ちで受けているのか、それぞれの場面において体感させるねらいも含まれている。全

体時間は 120 分設定とした。最初に、p.38〜39 のプレゼンテーション資料を使って、「めあて」と「探究的な課題」を提示し、「思考する場面」では、一人学び（アイデア抽出）を行い、「表現する場面」では、各自のアイデアを持って、グループワーク（アイデア収束）を行う。その後、「実感する場面」において、グループごとに収束したアイデアを全体に発表し、他グループの意見を聞くことで、「新たな知」や「創造の面白さ」を実感する。そして最後に、この研修から見えてきたこと、新たな気付き、研修の感想等をグループ内で意見交換してもらい、研修の「振り返り」とした。

[研修の手順]

		【時間】
①	全体説明…研修の全体像とゴールを伝える。	15 分
②	一人学び…各自でマンダラートを作成する。	40 分
③	グループワーク…対話的な学びを通して拡散したものを収束させる。	40 分
④	全体発表…他のグループの意見から学ぶ。	15 分
⑤	振り返り…メタ認知を促す。	10 分

　この研修を企画する前は、教職員全員が初めて「マンダラート」に挑戦するということで、主体的な研修にできるかどうかどうか少し不安な部分もあったが、研修を始めてみると、そうした心配も杞憂に過ぎなかった。

　「一人学び」の部分では、最初の5分くらいは苦戦していたものの、他の人のペンの音に影響されたのか、次第にアイデアが生まれるようになってきて、次から次へとマスが埋まっていった。しかし、予想に反し、ベテラングループだけは、思うようにマスが埋まらず相当苦戦していた。

　次のグループワークでは、普段から「対話的な学び」を意識して授業を展開している本校の教員だけあって、活発に意見交換が行われていた。年齢が近いグループということも功を奏したようだ。ここでは、拡散されたアイデアから、グループで一つの「マンダラート」を創り上げるという作業を行ったのだが、和気あいあいと楽しそうに取り組む教職員の姿がとても印象的であった。

　その後、全体発表に移り、各グループからそれぞれの「マンダラート」を発表してもらったのだが、他のグループのアイデアに感心させられたのか、頷いたりメモを取ったりしながら聞いている教職員が多いのにも好感がもてた。

　最後に、グループで感想等を伝え合い、研修の「振り返り」とした。

　みんなで一つのものを創り上げていくという「マンダラート研修」を実施して感じたことは、「マンダラート研修」は、「曼荼羅」の語源のとおり、教職員の同僚性を高め、ポジティブな教職員文化を醸成する真の力を有しているということであった。「マンダラート」は、教職員の「語り合いの場」を生み出す魔法のフレームワークとも言える。

第2章 「学校経営マンダラート」の内容と活用

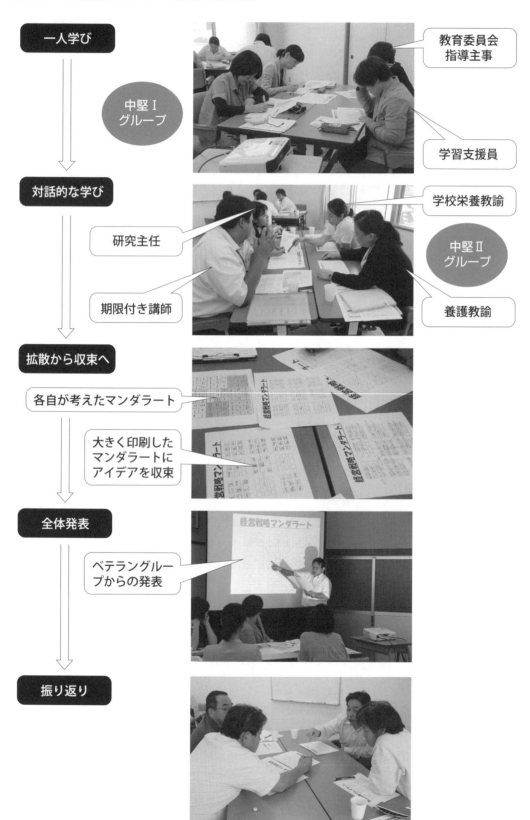

[研修後の感想]

○自由なアイデアをと言われて作業を行ったが、なかなか自由な発想ができない自分がいることに気付いた。もっと日ごろから、柔軟な発想を心掛けたい。
○他の人の発想やアイデアから多くの学びや気付きがあり、充実した良い研修だった。
○「嶺北スタンダード」の流れで研修を行ったことで、それぞれの場面で、生徒の立場に立って考えることができたので、自分の授業にもここでの学びを生かしていきたい。
○年齢層が違うと発想が違っていて楽しかった。自分は若年グループで今回は作業を行ったのだが、次は、シニアグループに入って意見も聞いてみたいと思った。
○すごくおもしろい研修だった。自分の学級目標づくりに、即刻使ってみようと思う。
○県体出場に向けて、このマンダラートを使って、部活動の個人目標の設定に使いたい。
○2時間の研修があっという間に感じた。チームとしての一体感を感じる研修だった。
○全員で意見を出し合ったことで、嶺北中学校の課題が見えてきた。

5 嶺北中学校のマンダラート

全教職員での2時間の経営戦略会議を行った後、研究推進委員会を行い、四つのグループから出された案をもとに、一つに収束させる作業を行い、できあがったものが次の「嶺北中学校マンダラート2018」である。

嶺北中学校マンダラート2018

長期休業中の加力補習	家庭学習Smile手帳の活用	ICTの活用学習環境・整備	部活動の充実	食育の大切さを伝える	健康三原則（生活習慣）	さくらプロジェクトの充実	総合的な学習の時間の充実	表現力アンケートによる検証・評価
全国学テ・県版学テの検証・評価	学力（嶺中八策）	「わかる・できる・使える・役に立つ」授業	スポーツテストによる検証・評価	体力	生活アンケートの検証	MIRAIノートの充実	表現力（さくらプロジェクト）	表現（発表）する場の設定
定期テスト・確認テストの実施・検証	各種検定に挑戦	学習タイムの活用（帯時間）	持久力	給食残食ゼロ	体育授業の充実	語彙力の向上（朝読書）	多様な表現方法の体験	「話す」ではなく「伝える」意識
挨拶マナー	ポジティブ思考・笑顔	思いやり	学力	体力	表現力	生徒に任せ、決めさせる	役割を与える	スモール・ステップの成功体験
感謝	人間性	自律自立	人間性	社会人基礎力	主体性	探究課題の工夫	主体性	内発的動機付け
努力忍耐力	責任感	創造力	時間力	チーム力	授業力	目標・ゴールの明確化	授業での「振り返り」の工夫	夢・志進路意識
働き方改革	タイム・マネジメント（PDCA）	期限の厳守	報・連・相の徹底	ポジティブな言葉掛け	リーダーシップ	公開授業の実施・参観	単元構想授業計画	構造的な板書
計画性逆向き設計	時間力	捨てる力	目標の共有ベクトル合わせ	チーム力	情報共有	教材開発教材研究	授業力	嶺北スタンダード（深い学び）
優先順位	TO-DOリストや手帳の有効活用	各種会議の精選・縮小	協調性同僚性	会話コミュニケーション	役割分担	研修会への積極的参加	授業アンケートによる検証・評価	A・L授業改善

最初の作業である3×3のマンダラートの「Strategy」（戦略・重点項目）を考える際に、本校教職員の頭に一番に浮かんだのが、学校の二つの重点目標である。どのグループも、本校の重点目標である「学力」と「表現力」についての「Tactics」（戦術・方策）を考える作業から始めている姿がとても印象的であった。また、教職員の一連の作業を見ていると、今まで「カリキュラム・マネジメント」の視点でPDCAサイクルを回すことに主眼を置いた学校経営に努めてきたこともあり、本校教職員のベクトルが揃っていることを再認識する場となった。また、教職員の「振り返り」にもあるように、これまでの自校の取り組みや組織文化を、俯瞰的に捉え直す意味でも良い研修の場となった。
　これからは、研究推進委員会での議論について触れてみたい。

(1) どの「Strategy」を採択するか

　二つの重点目標以外の残り6個の「Strategy」については、すべてのグループが「体力」を挙げている。やはり、「生きる力」としての「知・徳・体」で考えるのが自然な流れなのだろう。また、「徳」については、「人間力」や「人間性」「心力」や「道徳心」といった言葉が抽出されていたが、ここでは、新学習指導要領のキーワードである「学びに向かう力・人間性」に因み、本校では「人間性」という言葉を採択することにした。次に多かったのが、「積極性」「主体性」「自主性」といった子どもたちの意欲に関するものであった。これも、「学びに向かう力」ということから「主体性」を採択することにした。

　本校教職員の各グループから出てきた「Strategy」を分類してみると、「子どもに付けたい力」と「教職員に求められる力」に大きく二分されていることが議論を通して見えてきた。

　「教職員に求められる力」として、「授業力」がすべてのグループから挙がっていた。このことは、本校が、学力向上に取り組んできた中で、「授業改善」「アクティブ・ラーニング」にいち早く学校を挙げて取り組んできたことに由来しているのだろう。ほかにも、「協働」や「組織力」「教師力」なども挙げられていたが、ここでは、新学習指導要領が求める「チームとしての学校」や文部科学省が掲げる「学校における働き方改革」などから、「チーム力」と「時間力」を採択することとなった。

(2) 採択した「Strategy」をどこに配置するか

　次に、考えなければならないのは、この8個の「Strategy」を、9×9の「マンダラート」のどこに配置するかということである。この配置をみんなで考えることができるのも、この「マンダラート」の面白いところである。ここまでくれば、やはり配置にも意味づけ、価値づけをし、内容にこだわっていきたい。

　本校の重点目標である「学力」と「表現力」については、8個の「Strategy」の中でも最上位目標であるので、マスの上段の左右に位置付けようということになった。その二

つの中でも、上位の課題である「学力」を左に、「表現力」を右に配置することにした。そうなると必然的に、上段は「子どもに付けたい力」ということになってくる。そこで、真ん中に「知・徳・体」の「体」＝「体力」を置くこととした。

次は、中段である。「子どもに付けたい力」の中でも、ここでは、「学びに向かう力・人間性」が喫緊の課題と考え、「人間性」と「主体性」を左右に配置することとした。「知・徳・体」の「徳」ということから「人間性」を左に置くこととした。

最後が、下段である。下段に教職員に関する内容を置いたのは、「教職員が子どもたちをしっかり支えよう」という意思の表れである。下段の並びについては、教職員全員の力・結束力ということで、「チーム力」を真ん中に据え、左は「主に管理職や事務職員がリードして取り組むべき課題」、右は「主に教員が中心となって取り組むべき課題」として、「チーム力」の左右に配置することとした。

(3)「Tactics」をどのように定めていくか

次は、「Tactics」について考える。まずは、「子どもに付けたい力」から見ていきたい。

「学力」では、学力向上策としての「嶺中八策」を中心に、その学力を何で見取るのかといった評価にまで踏み込んだ方策が出されている。

「表現力」では、「さくらプロジェクト」を中心に、探究的な学びの視点からの方策が出されている。ここに出てきた「嶺中八策」や「さくらプロジェクト」については、本校の取り組みの中で詳しく紹介することとする。

「体力」では、一般的に言われる持久力や運動能力、食育や健康といった視点からの方策が出されている。

「人間性」では、学校教育目標である「社会人としての基礎力」である「挨拶・マナー」「感謝」「責任感」「ポジティブ思考・笑顔」といったものが出されている。

「主体性」では、「学びに向かう力」を意識し、「目標・ゴールの明確化」や「生徒に任せ、決めさせる」「役割を与える」といった生徒の自主性・主体性を育てるための具体の方策が出されている。

次に「教職員に求められる力」を見てみたい。

「チーム力」では、「目標の共有・ベクトル合わせ」や「協調性・同僚性」「会話・コミュニケーション」といった教職員集団の和をどのように築いていけば良いかといった具体的な方策が出されている。

「時間力」では、「計画性・逆向き設計」や「タイム・マネジメント（PDCA）」「捨てる力」といった仕事の効率化や教職員の意識改革の視点からの方策が出されている。

「授業力」では、「A・L（アクティブ・ラーニング）による授業改善」や「嶺北スタンダードによる深い学び」「授業アンケートによる検証・評価」といった、本校が目指す授業の取り組みからの様々な方策が出されている。これらの「授業力」の方策については、

第2章 「学校経営マンダラート」の内容と活用

学校の取り組みの中で詳しく紹介していく。

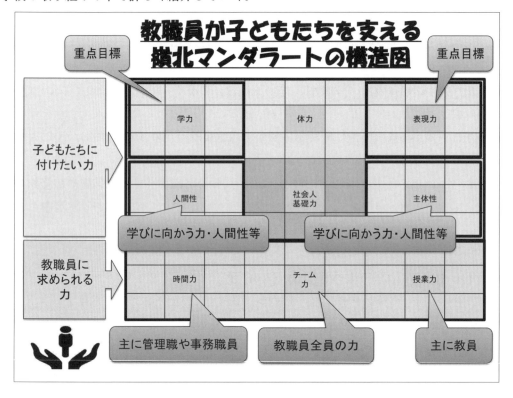

サニーマート販売実習

体育祭応援合戦

6 「マンダラート」の応用【新学習指導要領編】

●POINT
・新学習指導要領のキーワードで「マンダラート」を作成してみよう。
・「マンダラート」を作成することで、見えなかったものが見えてくる。
・「Strategy」の配置の意味付けを考えることも「マンダラート」の楽しさの一つ。
・「マンダラート」の作成を通して、ベクトルを合わせていこう。

　ここからは、マンダラートの応用編として、テーマごとに作成された、いくつかのマンダラートを紹介していく。
　今から紹介するものは、2018年6月に高知県中部教育事務所で行われた指導主事研修において指導主事に作成してもらったものである。
　指導主事対象の「カリキュラム・マネジメント研修」については、昨年度も実施したのだが、今年度は指導主事が半数近く入れ替わったということで、再度「カリキュラム・マネジメント研修Ⅱ」として実施することとなり、前段は理論についての講義、後半はマンダラートを使ってのワークショップ型研修とした。
　さすが指導主事というだけあって、研修に参加する意欲や意気込みには、他の一般研修では感じられることのない熱気に満ちた研修であった。理論については、第1章の内容をコンパクトにして伝え、後半の「マンダラート」に関するワークショップを中心に実施していった。ほとんどの参加者が、「マンダラート」というフレームワークに初めて出会ったこともあり、興味津々の思いで、目を輝かせ、熱心に取り組む姿が印象的であった。
　この研修を終えた指導主事からは、「とても面白い研修だった」「カリキュラム・マネジメントを進めるうえで、目標設定がいかに大切かを知ることができた」「みんなで一つのテーマで議論する過程、プロセスが面白かった」「自分には気付かない方策や考え方があり、他の人から学ぶ部分が多かった」「このマンダラートの良いところは、みんなで意見を出し合い、一つのものを創り上げるところにあるのではないか」「みんなで議論して、考え合えたことで、チームとしてまとまり感が高まった」「指導主事の力量アップにつながった」など、たくさんの肯定的な感想をいただくことができた。
　これから紹介するものは、指導主事を「社会教育チーム」「特別支援教育チーム」「道徳教育チーム」「特別活動チーム」「探究学習チーム」の5グループに分け、それぞれテーマごとにグループワークを行ってもらい、作成してもらったものである。

第2章 「学校経営マンダラート」の内容と活用

1 「社会に開かれた教育課程」

マンダラート（社会教育）

年間を見通した参観日の設定	めざす子ども像の共有	家庭教育への支援	運動に関する指導の充実	学びに向かう力の育成	道徳教育の充実	参観日への招待	学校施設の開放	学校評価の活用と改善
卒業後も家庭とつながる学校	家庭との協働	家庭学習の手引き発行と活用	コミュニケーション能力の育成	子どもたちの自立	言語能力の育成	地域学校協働本部の活動推進	地域との協働	まちづくりへの参画
家庭で取り組む高知の道徳活用	学校教育目標やビジョンの共有	保護者へのサポート	知識・技能の確実な習得	主体的・対話的で深い学びの実現	知識・技能の活用	学校運営協議会の活用	学校教育目標やビジョンの共有	地域行事への参加
校区のタテの連携	保護者の教育活動への参加	地域住民の支援	家庭との協働	子どもたちの自立	地域との協働	企業からの物的資源の提供	他校との協働研究、学び場の提供	文化財の活用
外部評価の実施	地域の人的資源	地域の見守り	地域の人的資源	社会に開かれた教育課程	地域の物的資源	地域への奉仕活動	地域の物的資源	地域の自然・史的財産の活用
SC・SSW等の外部人材の活用	学校教育目標やビジョンの共有	地域の方々との情報交換会	情報発信力	カリキュラム・マネジメント	チーム学校	社会教育施設の活用	学校教育目標やビジョンの共有	教育委員会との連携
ICT関連機器等の環境整備の充実	成果物の作成と配付	家庭・地域との連携・協働	資源の効果的な活用	教育内容の質の向上	短期のPDCAサイクル	メンタルヘルスへの配慮	OJT、Off-JTによる人材育成	校長のリーダーシップ
SNSでの情報公開	情報発信力	授業の公開	教育活動の改善	カリキュラム・マネジメント	全教職員の経営参画意識の醸成	校務分掌等の組織作り	チーム学校	教職員の共通理解
口コミの活用	学校通信の発行	学校HPの充実	教科等横断的な学びづくり	方針に沿った教育実践	資質・能力を育む	学校教育目標やビジョンの共有	学校ビジョンの構築	教職員の意識改革

【本マンダラートのねらいと意義】

「社会に開かれた教育課程」というワードがキーワードとして注目を集めているが、実は、新しい学習指導要領総則には、この用語の記述はなく、今回の改訂では、総則の前に初めて「前文」が設けられ、そこに次のような定義が示されている。

> 教育課程を通して、これからの時代に求められる教育を実現していくためには、よりよい学校教育を通してよりよい社会を創るという理念を学校と社会とが共有し、それぞれの学校において、必要な学習内容をどのように学び、どのような資質・能力を身に付けられるようにするのかを教育課程において明確にしながら、社会との連携及び協働によりその実現を図っていくという、社会に開かれた教育課程の実現が重要となる。
> 　　　　　　　　　　　　　　　　　　　　　　　　　　　　　　（下線部筆者）

「これからの時代に求められる教育」とは何か、「よりよい社会」とはどんな社会か、どのような「資質・能力」が求められるのか、「社会との連携及び協働」とは具体的にどうすることなのか、といった視点で「社会に開かれた教育課程」を考えていきたい。

6 「マンダラート」の応用【新学習指導要領編】

【構造の分析】

　全体構造としては、社会に開かれた教育課程実現の基盤となる要素を下段におき、中段にはその実現のために必要な資源を位置付けている。

　また、「社会に開かれた教育課程」の最終目標を「**子どもたちの自立**」に置き、最上段中央にそれを据えている。そして、その「子どもたちの自立」を包み込む環境として、「**家庭との協働**」と「**地域との協働**」をその左右に配置している。

　「子どもたちの自立」では、「学びに向かう力」や「コミュニケーション能力」「言語能力」といったこれから社会で必要とされる資質・能力を挙げている。

　「家庭との協働」では、「めざす子ども像の共有」「学校教育目標やビジョンの共有」「保護者へのサポート」「卒業後も家庭とつながる学校」といった学校と家庭との良好な関係づくりや「つながり」といったことに焦点を当てている。

　「地域との協働」では、「まちづくりへの参画」「地域行事への参加」「参観日への招待」といったものが目立ち、今までの「待ちの姿勢」ではなく、学校から地域へと積極的にアプローチしていく「攻めの姿勢」を感じさせている。

　「**地域の人的資源**」では、「スクール・カウンセラー（SC）やスクール・ソーシャル・ワーカー（SSW）等の外部人材の活用」や「地域の方々との情報交換会」など、地域の声を聞くことの大切さや各種専門家の支援の必要性を挙げている。

　「**地域の物的資源**」では、「企業からの物的資源の提供」や「他校との協働研究、学び場の提供」といった、今までの学校ではあまり行われていない新しい発想が示されている。

　「**カリキュラム・マネジメント**」では、「全教職員の経営参画意識の醸成」や「短期のPDCAサイクル」といった企業感覚・経営感覚を取り入れている点に注目してほしい。

　「**情報発信力**」では、「SNSでの情報公開」や「学校ホームページ（HP）の充実」といった、スマートフォンやパソコンのWebサービスを活用したこれからの学校に求められる「情報活用能力」や「情報の発信・共有」といったことを挙げている。

　「**チーム学校**」では、「校長のリーダーシップ」「教職員の意識改革」「メンタルヘルスへの配慮」「OJT、Off-JTによる人材育成」といった学校の教職員に求められる資質・能力や人材育成に関するものを挙げている。

　なかでも興味深いのは、8個の「Strategy」のうち5個の「Strategy」に「学校教育目標やビジョンの共有」が挙げられている。社会に開かれた学校を構築していくうえで、「目標やビジョンの共有」は欠かせない要素だと言える。

2 「特別支援教育」

マンダラート（特別支援教育）

教室の環境整備	ルールづくり	学級通信の活用	肯定的評価	カウンセリングマインド	日々の関わり	見通しのある学習活動	単元・授業計画	構造的板書
学級活動の充実	学級経営力	学級目標の具体化	QUの分析	児童生徒理解	見取り	ユニバーサルデザイン化	授業力	視覚化
エンカウンター（仲間づくり）	居場所づくり	SSTの実施（ソーシャルスキルトレーニング）	生徒指導の三機能	対話	保護者との情報共有	子ども主体の学習活動	教材研究	情報機器の活用
報告・連絡・相談	情報共有	学校・家庭・地域との協働	学級経営力	児童生徒理解	授業力	個別対応	合理的配慮	複数対応
リーダーシップ	チーム力	目標の共有	チーム力	特別支援教育	支援体制	個別の指導計画	支援体制	個別の教育支援計画
役割分担	共通理解	校内研究	専門性	人間性	コーディネート	家庭との連携	校内支援会	情報共有
書籍による学習	校内研修	対応の工夫	包容力	笑顔	コミュニケーション力	人材バンク	関係機関との連携	特別支援学校のセンター的機能の活用
自己研鑽	専門性	特性の理解	責任感	人間性	協調性	相談窓口	コーディネート	情報伝達
情報の更新	研修会等への参加	アセスメント	人権感覚	思いやり	創造力	保護者と学校	教師と子ども	担任と支援員

【本マンダラートのねらいと意義】

新しい学習指導要領では、特別支援教育の充実について、次のように示されている。

> ○個々の児童生徒の障害の状態等に応じた指導内容や指導方法の工夫を組織的かつ継続的に行う。
> ○特別支援学級及び通級による指導に関する教育課程編成の基本的な考え方を示す。○家庭、地域及び医療や福祉、保健、労働等の業務を行う関係機関との連携を図り、長期的な視点での児童への教育的支援を行うために、個別の支援計画を作成、活用に努める。また、各教科等の指導に当たって、個々の児童生徒の実態を的確に把握し、個別の支援計画を作成、活用に努める。特に、<u>特別支援学級に在籍する児童生徒や通級による指導を受ける児童生徒については、個別の教育支援計画及び個別の指導計画を全員作成。</u>○各教科等に学習上の困難等に応じた指導内容や指導方法の工夫。
> ○障害者理解教育、心のバリアフリーのための交流及び共同学習。　　　　　　（下線部筆者）

ここでは、下線部で示した3点を議論の中心に据えながら、今後の特別支援教育の目指す方向性について考えていきたい。

【構造の分析】

　全体構造としては、真ん中の縦軸に、特別支援教育に必要な「**児童生徒理解**」と教師の「**人間性**」を置いている。また、真ん中の横軸には、「**チーム力**」と「**支援体制**」といった学校の組織力が置かれている。周囲の四隅には、「**学級経営力**」「**授業力**」「**専門性**」「**コーディネート**」と特別支援教育に携わる教師としての力量やスキルを配置している。

　全体構造としては、真ん中の縦軸、真ん中の横軸に重点を置き、十文字で重点項目を配置している。

　「**児童生徒理解**」では、「対話」「見取り」「生徒指導の三機能」「保護者との情報共有」といった特別支援教育で子どもとかかわるうえで最も大切にしなければならない要素を示している。

　「**人間性**」では、「コミュニケーション力」「笑顔」「思いやり」「人権感覚」「包容力」など、どれも特別支援教育に携わる教師としての必要な資質を列記している。

　「**チーム力**」では、「情報共有」や「共通理解」といった特別支援教育において不可欠な項目を中央の縦軸に並べている。

　「**支援体制**」では、「合理的配慮」や「校内支援会」を中心の縦軸に並べ、「個別の教育支援計画」や「複数対応」「個別対応」など、教員のきめ細かい支援体制を挙げている。

　「**学級経営力**」では、「ルールづくり」や「居場所づくり」を学級経営の中核として中央の縦軸に並べ、「エンカウンター」や「ソーシャルスキルトレーニング」などを、学級経営を支える大切な要素として挙げている。

　「**授業力**」では、「単元・授業計画」と「教材研究」を授業づくりの中心として中央の縦軸に置き、「ユニバーサルデザイン化」や「構造的板書」「視覚化」「見通しのある学習活動」など、特別支援教育の授業において大切にしたい要素を列記している。

　「**専門性**」では、「校内研修」と「研修会等への参加」を中央の縦軸に並べ、「書籍による学習」や「自己研鑽」など、教師自身の「主体性」や「学びに向かう力」を求めている。

　「**コーディネート**」では、「関係機関との連携」や「教師と子ども」を中央の縦軸に配置し、「保護者と学校」や「担任と支援員」といった「人と人」「学校と関係機関」を「つなぐ」必要性に触れている。

　ここからわかることは、特別支援教育として大切なキーワードは、「情報共有」や「児童生徒理解」であり、特別支援教育に携わる教員には、教員と保護者、教員と教員、学校と外部の専門機関をつなぐ「コーディネート力」が求められているのである。今後は、「ユニバーサルの視点」を持った取り組みが期待される。

3 「道徳教育」

マンダラート（道徳教育）

読書活動読み聞かせ	経験の共有	内省・再生	外部との連携	掲示物の精選	機器設備	内発的動機	言語活動の充実	心情を表す語彙の獲得
情報（ICT・NIE）	想像力	相手・他者意識	出会いの場の設定	環境整備	相互成長を促す人間関係（児童生徒・教師）	動作化役割演技	表現力	対話する場の設定
出会い発見	傾聴	共感	豊かな言語環境の醸成	教師の有り様	美化	ICTの活用	表現するためのツールの活用	必然性のある対話
達成感	責任感	自己肯定感	想像力	環境整備	表現力	年間指導計画	環境整備（教材・教具）	学びの蓄積（道徳ファイル、ノート）
全体計画の別葉	教育活動全体	体験活動	教育活動全体	道徳教育	道徳科	指導方法の工夫	道徳科	授業研究
スキルの獲得	夢	失敗と教訓	家庭・地域との連携	組織	学級づくり	評価	系統を意識した指導	先進校視察
道徳参観日	ホームページ道徳通信	高知の道徳	学校間連携	校長の方針リーダーシップ	学校教育目標	教師と児童生徒の人間関係	安心・安全	児童生徒相互の人間関係
地域教材地域人材	家庭・地域との連携	地域貢献（相互交流）	学校評価	組織	道徳教育の重点目標	環境整備	学級づくり	特別支援教育
基本的生活習慣	道徳教育推進地区協議会	授業への参画	研修体制	推進教師の役割	全体計画の作成	朝の会・帰りの会の充実	学級目標	意識調査の活用（児童生徒理解）

【本マンダラートのねらいと意義】

　2015（平成27）年3月の教育再生実行会議の提言や2016（平成28）年12月の中央教育審議会の答申を踏まえ、学習指導要領の一部を改正し、「特別の教科　道徳」（「道徳科」）が新たに位置付けられ、具体的なポイントが、次のように示された。

> ○道徳科に検定教科書を導入。○内容について、いじめの問題への対応の充実や発達の段階をより一層踏まえた体系的なものに改善。○問題解決的な学習や体験的な学習などを取り入れ、指導方法を工夫。○数値評価ではなく、児童生徒の道徳性に係る成長の様子を認め、励ます評価（記述式）。○「答えが一つではない課題に子供たちが道徳的に向き合い、考え、議論する」道徳教育への転換により児童生徒の道徳性を育む。
> 　　　　　　　　　　　　　　　　　　　　　　　　　　　　　　　　　　（下線部筆者）

　ここでは、なぜ道徳が特別の教科として位置付けられたのか、検定教科書を使うことで道徳の授業がどう変わるのか、道徳の指導方法をどのように工夫すればよいのか、「考え、議論する道徳」へと道徳の授業が転換することで何がどのように変わるのか、といった点を議論の中心に据えながら、今後の道徳教育の方向性について考えていきたい。

【構造の分析】

　全体構造としては、中段に、道徳教育の主たるものとして「**道徳科**」と「**教育活動全体**」を配置し、下段及び上段中央には、学校における道徳教育を支える外的環境が、上段左右には、道徳教育を通して育てたい資質・能力が置かれている。

　「**道徳科**」では、「系統を意識した指導」や「年間指導計画」といった平成30年度から始まった「道徳科」として系統的で発展的な年間指導計画の必要性を挙げている。また、従来の授業で満足しないよう「先進校視察」「指導方法の工夫」「授業研究」といった改善を促すための方策も記されている。

　「**教育活動全体**」では、「達成感」「夢」「責任感」「自己肯定感」といった道徳教育全体で育んでいきたい「社会で生きて働く資質・能力」を列記している。

　「**組織**」では、「校長の方針・リーダーシップ」や「推進教師の役割」を真ん中の縦軸に並べ、道徳教育の牽引役として、校長や道徳推進教師への期待が感じられる。さらに「学校教育目標」、その下に「道徳教育の重点目標」が記されている。それぞれの目標がつながり合っていることが視覚的に捉えられるようになっている。

　「**学級づくり**」では、「安心・安全」「教師と児童生徒の人間関係」「児童生徒相互の人間関係」といった「学級の居心地の良さ」や「人と人とのつながり」を求めている。

　「**家庭・地域との連携**」では、「地域教材・地域人材」や「高知の道徳」といった地域の特色を生かした道徳教材の活用に触れている。

　「**環境整備**」では、「掲示物の精選」「機器設備」「豊かな言語環境の醸成」といった物的資源や言語環境等、学校全体の環境整備の必要性を求めている。「教師の有り様」も一つの「環境」としたことには興味をひかれる。教員を指導することが職務の指導主事ならではの視点と言えるかもしれない。

　「**想像力**」では、「傾聴」「共感」「内省・再生」を挙げ、「読書活動・読み聞かせ」や「情報（ICT・NIE）」を含め、全体を「想像力」として捉えている。「相手・他者意識」は、新学習指導要領のポイントでもある「いじめ問題への対応の充実」につながる方策の一つと言えるだろう。

　「**表現力**」では、「動作化・役割演技」や「対話する場の設定」「必然性のある対話」など、「考え、議論する道徳」の視点が組み込まれている。

　道徳教育を通して育てたい資質・能力として、「想像力」と「表現力」の二つを挙げている点がポイントである。

第2章 「学校経営マンダラート」の内容と活用

4 「特別活動」

マンダラート（特別活動）

信頼関係	互いのよさを生かす関係づくり	認め合い	ボランティア	キャリア教育	社会との連携	設計する力	より良い自分の追求	問題解決能力
連帯感	人間関係形成	聞く力	行動力	社会参画	コミュニケーション力	考察する力	自己実現	夢に向かう力
自他の個性の尊重	自己有用感	話す力	働くことの意義	家庭との連携	基本的な生活習慣の確立	課題の発見	自己理解	夢を持つ
生徒指導	学校教育目標	児童生徒相互の人間関係	人間関係形成	社会参画	自己実現	向上心	新しい自分の発見	評価
保護者との連携	学級経営	教師と児童生徒の人間関係	学級経営	特別活動	実践力	振り返り	実践力	健全な生活や社会づくり
児童理解生徒理解	学級目標	教師同士の連携	学級活動	児童会活動生徒会活動	学校行事	感動体験	自立	計画性
決定	より良い学級づくり	他者との協働	責任感	より良い学校づくり	異年齢での活動	節目意識	特色ある学校づくり	協調性
折り合い	学級活動	環境整備	自発的	児童会活動生徒会活動	自治的	地域との連携	学校行事	体験的活動
組織づくり	問題意識	係活動の充実	自主性	愛校心	縦ラインの強化	所属感	年間指導計画の整備	連帯感

【本マンダラートのねらいと意義】

新しい学習指導要領では、特別活動の改訂のポイントが、次のように示された。

> ○育成を目指す資質・能力を踏まえ、小・中・高等学校の系統性を考慮して目標や内容を設定。○「人間関係形成」「社会参画」「自己実現」の三つの視点に基づき、各活動・学校行事を通して育成を目指す資質・能力を明確化し、そのために重視する学習過程を明確化。○自治的能力や主権者として積極的に社会参画する力を重視。○学級活動における自発的、自治的な活動を中心として学級経営の充実を図ること、いじめの未然防止等を含めた生徒指導と関連を図ることを明記。○特別活動がキャリア教育の要としての役割を果たすことから、学級活動の内容に(3)を設定。キャリア教育の視点からの 小・中・高等学校のつながりを明確化。○多様な他者との交流や協働、安全・防災等の視点を重視。○各教科等との往還。特別活動における主体的・対話的で深い学びの実現。
>
> （下線部筆者）

ここでは、実生活や実社会で生きて働く汎用的な資質・能力とは何なのか、学級経営の充実や生徒指導との関連を図るための具体策、キャリア教育の要としての特別活動の在り方等を議論の中心に据えながら、今後の特別活動の目指す方向性について考えていきたい。

6 「マンダラート」の応用【新学習指導要領編】

【構造の分析】

　全体構造としては、下段に、特別活動を構成する「**学級活動**」と「**児童会活動・生徒会活動**」「**学校行事**」を置いている。上段中央には、社会に開かれた教育課程を意識して「**社会参画**」を配置し、その左右には、自分事としての「**自己実現**」、「社会参画」を果たすための資質・能力として「**人間関係形成**」を置いている。中段には、教員の視点からの「**学級経営**」と「自己実現」を果たすための「**実践力**」が置かれている。

　下段の「**学級活動**」では、「より良い学級づくり」を中核に据え、「決定」や「折り合い」「他者との協働」といった、自己決定や他者との人間関係づくりを挙げている。

　「**児童会活動・生徒会活動**」では、「より良い学校づくり」を中核に据え、「異年齢での活動」や「縦ラインの強化」「自主性」「自発的」といった、児童会・生徒会ならではのねらいが列記されている。

　「**学校行事**」では、「特色ある学校づくり」を中核に据え、「連帯感」「所属感」といった「チームとしての学校」を意識した言葉が使われている。また、「節目意識」という言葉も興味深い。また、「特別活動の改訂のポイント」である「児童生徒の発達の段階に応じ、体験活動を推進すること（小学校：自然の中での集団宿泊活動、中学校：職場体験活動）」を意識し、「体験的活動」とそれを支える「地域との連携」を中央の左右に配置している。

　上段の「**社会参画**」では、「キャリア教育」を中核に据え、「行動力」や「コミュニケーション力」など、「社会で生きて働く資質・能力」が挙げられている。さらに、その基盤となる「働くことの意義」「基本的な生活習慣の確立」をそれらの下に置いている。

　「**人間関係形成**」では、「互いのよさを生かす関係づくり」を中核に据え、「聞く力」や「話す力」など、よりよい人間関係を築くための言語能力の基礎力を示している。言語能力だけでなく「信頼関係」「認め合い」「連帯感」といった心情的側面も同時に大切にしたいことがうかがえる。

　「**自己実現**」では、「より良い自分の追求」を中核に、「考察する力」「設計する力」「夢に向かう力」など、夢に向かって自己実現を果たすために必要な資質・能力を示している。また、その根底となる「自己理解」「課題の発見」「夢を持つ」といった自己に向き合う方策も抜かりなく記している。

　中段の「**学級経営**」では、中央の縦軸に「学校教育目標」とその下位目標である「学級目標」を配置し、学校と学級のベクトル合わせに努めている。

　「**実践力**」では、「自己実現」を叶えるために「新しい自分の発見」を中核に置き、「向上心」や「計画性」といった「生きて働く資質・能力」を求めている。

5 「探究学習」

マンダラート（探究学習）

多面的・多角的	多様性	対話	自己実現	知的な楽しさ	概念の獲得	自律	憧れ	自立
他者理解	協働性	自己理解	思いや願い	追究力	失敗	切実感	主体性	可能性
粘り強さ	寛容	傾聴	気付き	疑問	不思議	課題意識	目的意識	相手意識
自己肯定感	非言語コミュニケーション	適切な言語選択	協働性	追究力	主体性	創造力・想定力	思考ツールの活用	情報の再構成
発信	表現力	構想力	表現力	探究学習	思考力	経験値	思考力	批判力
伝えたいという思い	発想力	語彙の獲得	環境	授業力	教材選択	ズレや隔たり	自問と内省	問い
場の構成	掲示物の工夫	ICT	目指す子供像	他者評価	起点となる総合的な学習の時間の充実	実社会・実生活とのつながり	発展性	興味・関心
歴史を知る	環境	文化を知る	意図的・計画的	授業力	単元構想	多様性	教材選択	持続性
地域人材	家庭との連携	学びの履歴	見通す力	内発的動機付け	教材研究	精選と見直し	学ぶ価値	未来を見通した課題

【本マンダラートのねらいと意義】

　新しい学習指導要領では、総合的な学習の時間の改訂のポイントとして、「自分で課題を立て、情報を集め、整理・分析して、まとめ・表現する」という探究的な学習の過程の一層の重視が示された。さらに、2016（平成28）年12月の中央教育審議会答申では、「主体的・対話的で深い学び」の授業改善が求められ、「深い学び」の視点として、次のことが示された。

> 【深い学び】
> 　習得・活用・探究という学びの過程の中で、各教科等の特質に応じた「見方・考え方」を働かせながら、知識を相互に関連付けてより深く理解したり、情報を精査して考えを形成したり、問題を見いだして解決策を考えたり、思いや考えを基に創造したりすることに向かう「深い学び」が実現できているかという視点。
> 　　　　　　　　　　　　　　　　　　　　　　　　　　　　　　　　　　　（下線部筆者）

　ここでは、総合的な学習の時間における「探究的な学習」と「習得・活用・探究という学びの過程」の「探究」はどこが違うのか、なぜ今「探究学習」なのか、といった視点を議論の中心に据えながら、探究学習が目指す方向性について考えていきたい。

【構造の分析】

　全体構造としては、下段が教員側の視点、上段、中段が探究的な授業によって生徒に付けたい資質・能力という構図になっている。本校のマンダラート同様に、教員が生徒を支えている仕組みとなっている。

　下段では、「探究学習」の中核を担う「**授業力**」を中心に置き、左右に、その授業を支える「**環境**」と「**教材選択**」を置いている。中段には、新学習指導要領の総則に示された三つの柱の一つである「思考力・判断力・表現力等」から、「**思考力**」と「**表現力**」を左右に配している。上段には、「主体的・対話的で深い学び」から、「**主体性**」と「**協働性**」を左右に配置し、「探究学習」で生徒に求めたい「**追究力**」を中心に置いている。

　まず、下段の教員側の視点から見ていきたい。

　「**授業力**」では、探究的な学習の「起点となる総合的な学習の時間の充実」を挙げ、「意図的・計画的」「単元構想」「見通す力」といったPDCAサイクルの計画（P）を重視し、授業の前段階の重要性を求めている。

　「**環境**」では、「文化を知る」「歴史を知る」「地域人材」といった、「地域探究」や「防災学習」などに見られる総合的な学習の時間と地域とのかかわりに触れている。

　「**教材選択**」では、「実社会・実生活とのつながり」や「未来を見通した課題」「学ぶ価値」といった、まさに「社会に開かれた教育課程」「生きて働く資質・能力」を意識した項目を列記している。

　中段の「**思考力**」では、技能面では「思考ツールの活用」を挙げ、「ズレや隔たり」や「自問と内省」「情報の再構成」といった資質・能力の核心を構成する「メタ認知力」の育成を求めている。

　「**表現力**」では、「発想力」「構想力」「非言語コミュニケーション」「伝えたいという思い」といった、言語能力の確実な育成を目指すための内発的動機としての言語活用能力を列記している。

　上段の「**主体性**」では、「相手意識」「目的意識」「課題意識」といった行動を起こす原動力となる場面・状況を設定し、「自律」から「自立」へと成長を願っていることを感じさせている。

　「**協働性**」では、「他者理解」「自己理解」「寛容」「多様性」「傾聴」といった、「対話的な学び」を生み出す基盤となる学級の豊かな人間関係に関するものを挙げている。

　「**追究力**」では、「疑問」「不思議」「気付き」といった「追究力」の原動力となる学びの動機付けを下段に据えている。

7 「マンダラート」の評価

●POINT
・最初からPDCAを完璧に回せる児童・生徒はほとんどいない。
・評価は複雑にせず、シンプルに！
・「目標と評価の一体化」で、結果にコミットしよう！

1　評価することの意義

　PDCAを回すためには、当然「評価」が必要になってくる。
　マンダラートの使い方（p.31参照）で書いたように、目標は、「見えることろに置いておく」「期日を決めて、定期的に点検・評価していく」ことが大切なのである。
　例にあるような「充実した夏休みの過ごし方」などは、期間が40日前後という短期間ということもあり、目標として、児童・生徒が取り組みやすいテーマである。
　しかし、計画を立てることよりも、夏休み後に、この目標が達成できたかどうかを点検・評価するなかで、「どうしてできなかったのか」「何が原因でできなかったのか」「目標達成をするための方法がこれでよかったのか」「目標が高すぎたのではないか」といったことを考えさせ、次につなげることの方が、ずっと大切なのである。
　目標を立てて、最初からそれを完璧にこなせる児童・生徒などほとんどいない。だからこそ、教育が必要なのであり、児童・生徒はこうした失敗体験から多くを学んでいくのである。この小さなPDCAを繰り返しながら、児童・生徒は確実に成長し、「社会に出て生きて働く実行力」を身に付けていくのである。

2　評価を可視化する

　この「マンダラート」の評価については、あまり難しく考えず、「目標」に対して「結果」はどうだったのかというシンプルな評価を求めたい。あまりに評価を複雑にしてしまうと、「評価のための評価」に陥ってしまい、「目標と評価の一体化」が図れなくなってしまう。
　そこで、次のシンプルな「評価方法」で取り組ませ、結果にコミットさせていきたい。

7 「マンダラート」の評価

(1) 達成できた方策には、○を付けて可視化する

マンダラート（充実した夏休みの過ごし方）

スマホは1日2時間以内	勉強は毎日2時間以上	英検3級に挑戦する	絵や毛筆の作品を仕上げる	チャレンジ精神	本を5冊以上読む	毎日腹筋50回	目標をもつ	毎日スクワット100回
学習計画を立てる	勉強	積小為大	ボランティア体験	体験	普段できないことに挑戦	技術の向上	部活動	アドバイスに耳を傾ける
加力補習を休まない	宿題をためない	テレビ漬けにならない	一人旅に挑戦する	自然に親しむ	家にこもらない	練習を休まない	あきらめない	練習中声を出す
自分のルールを決める	弱い自分に勝つ	時間を守る	勉強	体験	部活動	体重3kg減	明確な目標をもつ	体脂肪率－7%
約束を果たす	自律	責任を果たす	自律	充実した夏休み	ダイエット	栄養を考える	ダイエット	毎日筋トレをする
無駄遣いをしない	すぐに切れない	だらだらしない	健康	家庭	友達	ゴールの姿をイメージする	無理をしない	21時以降食べない
24時までには寝る	3食きちんと食べる	最低7時間以上は寝る	行先や帰宅時間を言って出かける	家族との会話を増やす	親孝行をする	けんかをしない	相手を思いやる	感謝の気持ちをもつ
歯医者に行き治療をする	健康	熱中症対策	心配をかけない	家庭	役割を果たす	人の役にたつ	友達	約束を守る
運動を心がける	命を大切にする	規則正しい生活をする	犬の散歩	風呂掃除	花の水やり	困っていたら助ける	違う考え方も受け入れる	Lineで人の悪口を言わない

(2) 色で、目標の到達度を三段階に可視化する

　目標の達成度を、達成できた方策（80％以上）をブルー（下図では濃いアミの部分）、概ね達成できた方策（60％以上）をイエロー（同、薄いアミの部分）、今後まだまだ努力が必要な方策をピンク（同、白マスの部分）といったように色分けしてみる。評価を3段階にすることで、評価者の評価に対する精度の向上が期待できる。

マンダラート（充実した夏休みの過ごし方）

スマホは1日2時間以内	勉強は毎日2時間以上	英検3級に挑戦する	絵や毛筆の作品を仕上げる	チャレンジ精神	本を5冊以上読む	毎日腹筋50回	目標をもつ	毎日スクワット100回
学習計画を立てる	勉強	積小為大	ボランティア体験	体験	普段できないことに挑戦	技術の向上	部活動	アドバイスに耳を傾ける
加力補習を休まない	宿題をためない	テレビ漬けにならない	一人旅に挑戦する	自然に親しむ	家にこもらない	練習を休まない	あきらめない	練習中声を出す
自分のルールを決める	弱い自分に勝つ	時間を守る	勉強	体験	部活動	体重3kg減	明確な目標をもつ	体脂肪率－7%
約束を果たす	自律	責任を果たす	自律	充実した夏休み	ダイエット	栄養を考える	ダイエット	毎日筋トレをする
無駄遣いをしない	すぐに切れない	だらだらしない	健康	家庭	友達	ゴールの姿をイメージする	無理をしない	21時以降食べない
24時までには寝る	3食きちんと食べる	最低7時間以上は寝る	行先や帰宅時間を言って出かける	家族との会話を増やす	親孝行をする	けんかをしない	相手を思いやる	感謝の気持ちをもつ
歯医者に行き治療をする	健康	熱中症対策	心配をかけない	家庭	役割を果たす	人の役にたつ	友達	約束を守る
運動を心がける	命を大切にする	規則正しい生活をする	犬の散歩	風呂掃除	花の水やり	困っていたら助ける	違う考え方も受け入れる	Lineで人の悪口を言わない

第3章

「学校経営マンダラート」からみる嶺北中学校の実践

1 新しい学習指導要領のキーワードから求められる学校像を探る

● POINT
- 職業の変化から、時代の「スピード」を感じ取れ。
- 育成すべき資質・能力の「三つの柱」にある「枕言葉」に注目しよう。
- 「アクティブ・ラーニング」は決して新しいものではない。
- 「総合的な学習の時間」の創設と「カリキュラム・マネジメント」は、深いつながりがある。
- 「総合的な学習の時間」をマネジメントできないような学校では、学校全体の「カリキュラム・マネジメント」なんて到底できない。

1 21世紀とはどんな時代なのか

　21世紀は、変化・スピードの時代であり、「知識基盤社会」「多文化共生社会」「情報化社会」が進み、まだ誰も経験したことのない、複雑で激しく変化する時代と言われている。また、「2011年にアメリカの小学校に入学した子どもたちの65％は、大学卒業時に、今は存在しない職業に就くだろう（キャシー・デビッドソン）」「今後10～20年程度で、アメリカの総雇用者の約47％の仕事が自動化されるリスクが高い（マイケル・A・オズボーン）」といった未来予測は世界に大きな衝撃を与えている。

　21世紀とは、先進国では急激な人口減少と高齢化が進み、ロボットやIT等の技術革新が同時進行しながら急激に加速する激動の時代と言えよう。

　こういう話をしても、なかなか理解が進まないのが教職員という職種である。教職員の仕事は、普段子どもたちと接していて、学校という閉鎖的な空間にいることが多いため、社会の変化に直接触れる機会が少ない。こうした環境が故に、変化する社会への対応について教職員の理解が進まないのも無理はない話と言える。

　しかし、実際の職業を詳しく見ていくと、こうした未来像も実感を伴ったものになってくる。例えば、インターネットショッピングで有名な「Amazon」がオンライン書店のサービスを開始したのは、1995年のことである。まだ、起業して20年程度の会社が今や世界を席巻しているのである。このことは、日本の書店に大きな影響を与えたと言われている。日本著者販促センターの調査では、1999年に22,296店舗だった書店が、2017年5月1日現在で12,526軒と、19年間で9,770軒の書店が姿を消した計算になる。

　ほかにも、検索エンジンで有名な「Google」は1998年、世界で10億人以上のユーザーを持つSNSで有名な「Facebook」は2004年、大手電気通信事業の「NTT　ドコ

1 新しい学習指導要領のキーワードから求められる学校像を探る

モ」が2000年（社名変更）、IT関連事業の「DeNA」が1999年、同じく「楽天」が1997年、同じく「LINE」は2011年（社名変更は2013年）、動画共有サービスの「YouTube」が2005年と、これらの大企業であっても、創業20年程度の企業であり、私が大学生の時には、まだ存在していなかった企業なのである。

こう見てくると、キャシー・デビッドソンの言葉が俄然、信憑性を帯びてくる。

2　21世紀を生き抜く資質・能力とは

このような激動の21世紀を生き抜くために必要な力として、OECDの「キー・コンピテンシー」（2003）や「成人力」（2013）、内閣府の「人間力」（2003）、厚生労働省の「就職基礎能力」（2004）、経済産業省の「社会人基礎力」（2006）、国立教育政策研究所の「21世紀型能力」（2013）、三宅なほみ氏が参加していたACT21sの「21世紀型スキル」（2014）、「国際バカロレア」（1968）、など、様々な資質・能力が構想・提起されてきた。

2014（平成26）年11月20日に文部科学大臣が中央教育審議会に諮問した内容（「初等中等教育における教育課程の基準等の在り方について」）を見ると、文部科学省は、「一人一人の

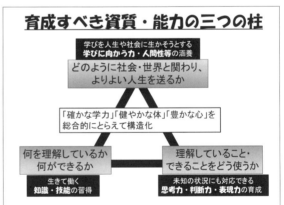

可能性をより一層伸ばし、新しい時代を生きる上で必要な資質・能力を確実に育んでいくことを目指し、（略）」と、その方向性を示し、「ある事柄に関する知識の伝達に偏らず、学ぶことと社会のつながりをより意識した教育を行い、（略）、基礎的な知識・技能を習得するとともに、実社会や実生活の中でそれらを活用しながら、（略）」と汎用的な資質・能力の必要性を強調し、そのために必要な学習・指導方法や評価の在り方の検討を求めている。

また、「何を教えるか」という知識の質や量の改善はもちろんのこと、「どのように学ぶか」という学びの質や深まりを重視し、「課題の発見と解決に向けて主体的・協働的に学ぶ学習（いわゆる「アクティブ・ラーニング」）」や、そのための指導方法の充実の必要性を強調している（下線部筆者）。

2017（平成29）年3月に公示された新しい学習指導要領では、従来から盛り込まれている学習内容（コンテンツ）だけでなく、それを学ぶことで「何ができるようになるか」（コンピテンシー）という視点で、学校教育で育みたい資質・能力が重視されている。「コンテンツ・ベース」から「コンピテンシー・ベース」へと対立的に捉えられがちなのだが、新しい学習指導要領では、「知識・技能」も大切な資質・能力の要素の一つと位置付けている。そして、「思考力・判断力・表現力等」「学びに向かう力・人間性等」と合わせて、育みたい「資質・能力」として、大きく三つの柱で整理しているのである。

ここで「知識・技能」について考えてみたい。個別的・事実的な知識をただ暗記・記憶すればよいのではなく、「生きて働く」という枕言葉が添えられている点に注目してほしい。すなわち、習得した個別の知識を既存の知識と関連づけて理解し、他の学習や社会生活、学校生活の場面で活用できるようなものに高めていく必要があると言っているのである。

これは、「知識・技能」に限ったことではない。「思考力・判断力・表現力」の前にも、「未知の状況にも対応できる」という枕言葉が添えられており、同様に「学びに向かう力・人間性等」にも、「学びを人生や社会に生かそうとする」という枕言葉が添えられているのである。

これらを総合すると、今求められている資質・能力とは、「社会で生きて働く学力」や「社会に出て生きて働く実行力」と言えるのではないだろうか。

では、これらの資質・能力はどのように育んでいけばよいのだろうか。「資質・能力」の三つの柱は、各教科等だけでなく、教科等横断的な力（言語能力や情報活用力などの学習の基盤となる力や、現代的な諸課題に対応する力）に共通している。これらの力は、教科の学習だけではなく、「総合的な学習の時間」や特別活動などを含む教育課程全体で計画的・系統的に育んでいく必要がある。

そのためには、学校全体で育てたい「資質・能力」を学校教育目標として可視化し、各教科や学級活動、生徒会活動などの場面で、子どもたちにどのような「資質・能力」を育んでいくのかを、体系的に整理することが必要と考える。

3 アクティブ・ラーニング

次に、2014（平成26）年11月20日に、文部科学大臣が中央教育審議会に諮問したことで、改訂のキーワードになった「アクティブ・ラーニング」について考えてみたい。

(1) アクティブ・ラーニングとは

2012（平成24）年8月28日の中央教育審議会の答申（「新たな未来を築くための大学教育の質的転換に向けて～生涯学び続け、主体的に考える力を育成する大学へ～」）に

1 新しい学習指導要領のキーワードから求められる学校像を探る

おける「用語集」では、「教員による一方向的な講義形式の教育とは異なり、学修者の能動的な学修への参加を取り入れた教授・学習法の総称」とし、「発見学習、問題解決学習、体験学習、調査学習等が含まれるが、教室内でのグループ・ディスカッション、ディベート、グループ・ワーク等も有効なアクティブ・ラーニングの方法である」と定義付けされている（下線部筆者）。

以上のことから、「課題の発見・解決」「主体的・能動的な学習」「協働的な学習」「発見学習」「体験的な学習」などがキーワードとして考えられる。

(2) アクティブ・ラーニングは決して新しいものではない

では、この諮問文にある「アクティブ・ラーニング」は、今までにない全く新しい教育方法なのだろうか。

2008（平成20）年版の学習指導要領「総則」「第4　指導計画の作成等に当たって配慮すべき事項」には、「基礎的・基本的な知識及び技能の活用を図る学習活動を重視」「言語に対する関心や理解を深め、言語に関する能力の育成を図る上で必要な言語環境を整え、生徒の言語活動を充実」「体験的な学習や基礎的・基本的な知識及び技能を活用した問題解決的な学習を重視」「生徒の興味・関心を生かし、自主的、自発的な学習が促されるよう」と、先のキーワードが明記されており、小・中学校の授業では既に実践されていたことであり、降って湧いたが如く騒ぎ立てるようなものではないことがここからもわかる（下線部筆者）。

(3) なぜ、今、アクティブ・ラーニングなのか

右の表は、2014（平成26）年度に、教育調査研究所が、小・中学校教員を対象に、「アクティブ・ラーニングの指導の状況」について、「各教科等の授業において、『体験的な学習や基礎的・基本的な知識・技能を活用した問題解決的な

	小学校	中学校
十分満足できる状況	4.8 %	5.1 %
概ね満足できる状況	64.5 %	59.1 %
努力を要する状況	29.9 %	33.6 %
無回答	0.8 %	2.2 %

学習』の指導や、総合的な学習の時間を中心に『探究的な学習』や『協働的な学習』の指導が重視されていますが、その指導の状況をどう自己評価していますか」という問いで調査したものである。

この結果から見ても、「十分満足できる」状況は約5％と低く、「努力を要する」状況が

約30％と高い値を示している。現行学習指導要領に記載されているとはいえ、これらの指導が十分に行われているとは言えない状況にあることが推測できる。

今後は、全教育活動において、「アクティブ・ラーニング」の手法を取り入れ、その活動の質を高めていくことが求められているのである。

4　カリキュラム・マネジメント

2014（平成26）年11月20日の文部科学大臣の諮問から、2016（平成28）年12月21日の中央教育審議会の答申を経て、2017（平成29）年3月31日、ついに新しい学習指導要領が告示された。

今回の改訂においては、子どもたちに変化の激しいこれからの時代、社会を生き抜くために必要となる力を育成することを目指し、2015（平成27）年8月にまとめられた「論点整理」においては、「社会に開かれた教育課程」の理論のもと、子どもたちに育成すべき資質・能力を総合的に育むためには、学びの量とともに、質や深まりが重要であるとされ、各教科等における習得・活用・探究の学習過程全体を見渡しながら、「対話的な学び」「主体的な学び」「深い学び」の三つの視点に立って学び全体を改善していくことが提言された。そして、各学校においては、「社会に開かれた教育課程」を編成・実施し、子どもたちにこれからの時代に必要な資質・能力を育成する教育を実現していくために、「カリキュラム・マネジメント」が重要であると指摘している。

「カリキュラム・マネジメント」という言葉が日本に紹介されたのは、1998（平成10）年頃と言われており、当時の学習指導要領の改訂で「総合的な学習の時間」が創設され、各学校が独自で教育課程を編成することが可能となったことに大きく起因していると考えられている。その後、2008（平成20）年の学習指導要領の改訂では、学習指導要領「解説」のなかに、「カリキュラム・マネジメント」が初めて公的な言葉として扱われるようになった。

この分野で先行研究してきた大阪教育大学の田村知子教授は、「カリキュラム・マネジメント」とは、「各学校が、学校の教育目標をよりよく達成するために、組織としてカリキュラムを創り、動かし、変えていく、継続的かつ発展的な、課題解決の営み」（2011）、「カリキュラムを主たる手段として、学校の課題を解決し、教育目標を達成していく営み」（2014）と定義している。つまり、各学校には、カリキュラムを「創り、動かし、変えていく」力が求められているのである。カリキュラムの「編成」「実施」「評価」「改善」（PDCAサイクル）を中核に据えて、学校の教育目標の実現に向けて、計画的・組織的に推進を図ることが「カリキュラム・マネジメント」と言える。

新しい学習指導要領では、「カリキュラム・マネジメント」を、「児童（生徒）や学校、地域の実態を適切に把握し、教育の目的や目標の実現に必要な教育の内容等を教科等横断的な視点で組み立てていくこと、教育課程の実施状況を評価してその改善を図っていくこ

1 新しい学習指導要領のキーワードから求められる学校像を探る

と、教育課程の実施に必要な人的又は物的な体制を確保するとともにその改善を図っていくことなどを通して、教育課程に基づき組織的かつ計画的に各学校の教育活動の質の向上を図っていくこと」と定義している。つまり、各教育活動を単体で捉えるのではなく、学校全体として教育課程の質の向上に向けて、最大の効果を上げるために、カ

各学校におけるカリキュラム・マネジメントの確立

○ 教科等の目標や内容を見渡し、特に学習の基盤となる資質・能力（言語能力、情報活用能力、問題発見・解決能力等）や豊かな人生の実現や災害等を乗り越えて次代の社会を形成することに向けた現代的な諸課題に対応して求められる資質・能力の育成のためには、教科等横断的な学習を充実する必要があること。また、主体的・対話的で深い学びの実現に向けた授業改善については、1単位時間の授業の中で全てが実現できるものではなく、単元など内容や時間のまとまりの中で、習得・活用・探究のバランスを工夫することが重要であるとしたこと。

○ そのため、学校全体として、子供たちや学校、地域の実態を適切に把握し、教育内容や時間の適切な配分、必要な人的・物的体制の確保、実施状況に基づく改善などを通して、教育課程に基づく教育活動の質を向上させ、学習の効果の最大化を図るカリキュラム・マネジメントに努めるものとしたこと。

H.29.3.31 文部科学省 学習指導要領改善のポイント

リキュラム・マネジメントを確立する必要性があると言っているのである。

「社会に開かれた教育課程」においては、子どもたちが「何ができるようになるか」「何を学ぶか」「どのように学ぶか」などの点を踏まえて各校で教育課程を編成し、子どもたちの実態を踏まえて見直しを図っていくことが求められているのだが、その際には、教科横断的な視点で考えることや、家庭や地域との連携も必要になってくる。そして、このようなPDCAサイクルを効果的に回すためには、教科や学年といった枠を超え、学校全体で行う必要がある。こういったPDCAサイクルを回す営みこそが、「カリキュラム・マネジメント」なのである。

次に、「カリキュラム・マネジメント」を推進していく際、大切なことは、最初にどこから取り組んでいけばよいのか、その順序を考えることである。例えば、学校教育目標が、「長くて覚えられない」「今、求められている資質・能力に直結していない」「抽象的過ぎて具体の戦略や行動目標につながらない」「評価しづらい」などという場合には、まず学校教育目標の再考から始めてほしい。また、学校教育目標が各教科の授業や学級目標に直結していない場合には、「なぜ結びついていないのか」といった要因分析も必要となってくる。そもそも学校教育目標が教職員間に共有されていないのであれば、それを浸透させる取り組みから始めなければならない。あるいは、学校教育目標に対して、学校の課題が複数存在するような場合には、重点目標として目標を2〜3個に絞り込む作業が必要になってくる。

このように、「カリキュラム・マネジメント」の視点で学校の教育活動全体を見直すことで、学校の課題や改善点が見えてくる。学校教育目標が、子どもや地域の現状に合った目標になっているのか、目指す資質・能力が明確になっているのか、地域との連携は十分なのか、といった視点で、できることから「カリキュラム・マネジメント」への第一歩を踏み出してほしい。

さらに大事なことは、「社会に開かれた教育課程」「育成すべき資質・能力」の実現に向

第3章 「学校経営マンダラート」からみる嶺北中学校の実践

けて、学校の教職員が一丸となって、学校の教育活動全般を見渡し、その改善につなげていくことなのである。

5 社会に開かれた教育課程

　「資質・能力」「カリキュラム・マネジメント」などのすべての基盤となる考え方が「社会に開かれた教育課程」である。「なぜ、資質・能力が必要なのか」「なぜ、カリキュラム・マネジメントなのか」、その理由が「社会に開かれた教育課程」を考えることで見えてくる。2016（平成28）年12月の中央教育審議会の答申（「幼稚園、小学校、中学校、高等学校及び特別支援学校の学習指導要領等の改善及び必要な方策等について」）では、三つの側面から「社会に開かれた教育課程」について次のように説明している。

> ① 社会や世界の状況を幅広く視野に入れ、よりよい学校教育を通じてよりよい社会を創るという目標を持ち、教育課程を介してその目標を社会と共有していくこと。
> ② これからの社会を創り出していく子供たちが、社会や世界に向き合い関わり合い、自らの人生を切り拓いていくために求められる資質・能力とは何かを、教育課程において明確化し育んでいくこと。
> ③ 教育課程の実施に当たって、地域の人的・物的資源を活用したり、放課後や土曜日等を活用した社会教育との連携を図ったりし、学校教育を学校内に閉じずに、その目指すところを社会と共有・連携しながら実現させること。

　これらは、①各校が社会や世界の動向を踏まえて学校教育目標を策定し、それを実現する教育課程を社会と共有すること。②自校の子どもたちが社会を生き抜いていくために必要な資質・能力を明らかにして育むこと。③「カリキュラム・マネジメント」の側面である地域資源の活用や社会教育との連携により目標を実現させること、を意味している。
　つまり、「社会に開かれた教育課程」とは、「『資質・能力』や『カリキュラム・マネジメント』などとともに、新学習指導要領において実現を目指す基本理念であり、社会とのつながりを考えた教育課程を編成して、共有・連携する営み」と言える。
　この「社会に開かれた教育課程」も、「アクティブ・ラーニング」同様に、今回の改訂で降って湧いたものではない。2003（平成15）年10月の中央教育審議会の答申（「初等中等教育における当面の教育課程及び指導の充実・改善方策について」）において「社会全体から学校に対して様々な役割・機能が期待される中で、学校がその本来の役割・機能を十全に果たすためには、各学校が現在行っている教育活動全体について、自己評価等を通じて不断に検証し、改善を図ることが必要である。その際、家庭や地域社会が分担・協力した方がよりよい成果が得られると考えられる教育活動等については、家庭や地域の実態等を踏まえつつ、保護者や地域住民等の理解を得ながら、家庭や地域社会がその役割

1 新しい学習指導要領のキーワードから求められる学校像を探る

を分担したり、協力したりするように促していくことも必要である」と、「社会に開かれた教育課程」や「カリキュラム・マネジメント」の考え方が既に垣間見られている（下線部筆者）。

いずれにしても、教育課程の編成主体は学校にあることに違いはない。社会のニーズに応えることを求めすぎて学校が受け身になるのではなく、子どもが大人になった時、どのような社会になっていて、そこで彼らが活躍するためにはどのような力を必要としているのかをしっかりと見据え、社会と自校との関わりや、教育課程の役割を明確化することが、今求められているのである。これはまさしく、p.64で述べた「社会で生きて働く学力」や「社会に出て生きて働く実行力」といった「資質・能力」を「学校と社会」「学校と地域・家庭」が手を携えて育んでいこうという考え方であり、「社会に開かれた教育課程」と「資質・能力」の目指すところは究極同じと言える。

また、最近では、コミュニティ・スクールも全国的に広まり、学校と地域が連携しながら教育活動を創り上げる仕組みも徐々に整ってきている。個々の教育活動が有機的・効果的に結びつくよう、教育課程を編成していくことが「カリキュラム・マネジメント」そのものであり、このことからも「社会に開かれた教育課程」と「カリキュラム・マネジメント」がそれぞれ単体として存在するのではなく、それぞれが深くつながっていることが見てとれる。

※文部科学省資料より抜粋

2 「学校教育目標」は、「社会人基礎力」の育成

●POINT
・「実態」と「目指す生徒像」のギャップを見つけることから「カリキュラム・マネジメント」をスタートさせよう。
・「学校教育目標」や「重点目標」、「目指す生徒像」などは、全教職員で考えよう。
・孫子の兵法「一点突破・全面展開」で、解決の道を切り拓いていこう。
・「責任転嫁」をしていては、課題の解決につながらない。

1　現状分析

　カリキュラム・マネジメントによる学校改革を成功させるために最も重要なのは、学校の教育目標と重点目標、研究主題の設定である。それぞれの学校には、目指す生徒像が描かれており、その到達点に対して、今の生徒の実態を明らかにすることで、「実態」と「目指す生徒像」のギャップが明らかになってくるのだが、その差を埋めるための方策や手段を全教職員で考え、研究主題（テーマ）を導き出していく過程こそが、学校全体のカリキュラム・マネジメントを実践するうえで最も大切なことと言える。

　本校は、高知県の北部の山間に位置し、人口約3,500人の本山町にあり、2007（平成19）年にスタートした同居連携型中高一貫教育校である。主な産業は、農業や林業などの第一次産業が中心で、過疎化が進行している地域である。農業では、お米日本一コンテストで二度の特別最高賞（日本一）に輝いた特別栽培米「土佐　天空の郷（さと）」が有名であり、2011

（平成23）年には、「日本で最も美しい村」連合に加盟を承認されるなど、その景観に優れた地域である。夏は清流「汗見川」でのアウトドアスポーツや「吉野川」でのカヌー体験、秋は黄金色に色づく「天空の棚田」の田園風景、土佐藩の財政を救ったヒノキの生産地でもある「白髪山」など、自然豊かで風光明媚な地域である。

2 「学校教育目標」は、「社会人基礎力」の育成

2012（平成24）年、私は本校に初めて校長として赴任することとなった。

校長として最初の仕事は、学校経営計画を作成し、それをもとに全教職員に私の学校経営方針・ビジョンを伝えることである。そのためには、学校の現状や実態・課題等についてしっかりリサーチし、その差を埋めるための戦略や方策を見出さなければならない。

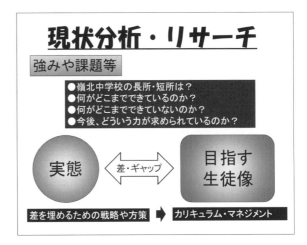

そこで、最初は、本校生徒の実態把握に着手することとした。第1章でも述べたように、事実の把握・現状分析ができなければ、それに対する対策は見えてこない。まさに、「空・雨・傘」の論理的思考法を活用する場面である。

学力面については、右のグラフからも分かるように、平成19年度から始まった全国学力・学習状況調査結果において、一度も全国平均を越していないどころか、全国平均や県平均から大きく引き離されているという実態が見てとれた。

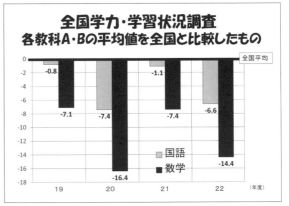

また、その年に入学してきた中学校1年生に対して4月に行った全国標準学力調査（東京書籍）の結果をみても、全国平均どころか、国語では、全国平均と比べて－21.1ポイント、数

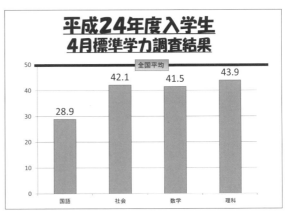

学（算数）では、－8.5ポイントと、これも全国平均から大きく引き離されているという結果であった。

この原因すべてを小学校のせいにするのは簡単な話である。しかし、本校が中高一貫教育校だからということに甘えてしまい、このままの学力で高校に先送りすることは、高校にとって失礼極まりない話である。この低学力の要因をほかにも探っていくと、本山町内には学習塾が一軒もなく、通塾している生徒は皆無に等しいこともわかった。このほかにも、地域や家庭の教育力にも課題が見られることなど様々な要因が、複雑に重なっている

71

ことが見えてきた。しかし、小学校が学力を付けて送ってこなかったからといって、中学校も同様に学力を付けずに高校へ生徒を送ったとしたら、高校側から見れば、「中学校は何をしているんだ」ということになりかねない。中学校が小学校に責任転嫁するように、高校が中学校に責任転嫁すれば済むような簡単な話ではない。生徒の進路保障、キャリア教育の観点から考えても、学力が付いていないことに関する被害者は児童・生徒にほかならない。こうした現状から、学力向上は、本校の喫緊の課題であると認識できた。

また、本校生徒の実態についてパフォーマンス評価を使って分析してみると、「言われたことはきちんとできる」「全体的に落ち着いている」「人の話をしっかり聞くことができる」というプラスの評価ポイントはあるものの、「自分に自信がない」「自分の言葉で人に伝える表現力に弱さがある」「ポジティブな明るさが感じられない」といったマイナス面の課題も見えてきた。例えば、生徒会が主催する生徒集会を見ていると、生徒会長や専門委員長たちが、メモのようなものを持って口をモグモグさせて何か読み上げているのだが、声が小さすぎて、聞いている側の耳に音として伝わってこない。話す表情も暗いし、手元のメモばかり見てまったく話す相手を見ようともしていない。いったいこの子たちは、「誰に、何のために、何を伝えようとしているのだろうか」「コミュニケーションという意味を理解しているのだろうか」という疑問が私の心の中に浮かび上がってきた。

本校は、連携型の中高一貫教育校である。中学校に入学してから6年後、高校卒業という出口を考えたとき、「自分の言葉で自分の思いを語る」「聞かれたことに対して、簡潔に自分の言葉で伝える」ことができなければ、就職活動の際の面接や、大学のAO入試や推薦入試の際の面接すら突破できないであろう。

こうした生徒の実態から、言葉による「表現力」の育成が、本校生徒に付けなければならない力として、火急の必要に迫られていることが見えてきた。

2 一点突破・全面展開

このほかにも、本校の課題を挙げれば枚挙にいとまがない。

こういうときは、まさに「一点突破・全面展開」に限る。これは、孫子の兵法にある言葉で、大きな敵や壁に挑む際には、攻略の効果が最大となる突破口を一つ探し当ててそこから突破を図り、次に作戦を全面に展開するという戦略を表している。課題が山積する中で、あれもこれもと闇雲に対策を手がけても一気に解決することは難しい。課題はもつれた糸のように絡み合っている場合が多く、力を分散させて取り組むよりも、一つの対策に集中し課題解決に向かう方が効果的であり、その解決できた一点（突破口）から拡散的に現状打開していくのが望ましく、一点突破で着手することが成功への近道であるということを意味している。これは、現代ビジネスにおける弱者のとるべきランチェスター戦略にも相通じるものがある。

そこで、本校では、この「学力」と「表現力」を最重点目標に掲げ、「一点突破・全面展開」で学校改革に着手することとした。

3 学校教育目標は「社会人基礎力」

突破口である「重点目標」が決まれば、次は「学校教育目標」の設定である。

本校では、キャリア教育を中核とし、「生きて働く学力」「社会で生きて働く実行力」を養うことを目的に、本校の重点目標である「学力」と「表現力」を包括した概念を表す資質・能力を表す言葉として、経済産業省が唱え

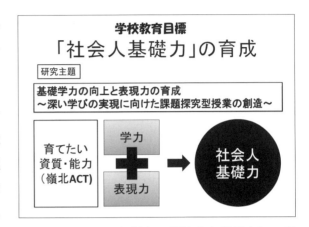

た「社会人基礎力」が本校にとって最もふさわしいワードと捉え、「『社会人基礎力』の育成」を学校教育目標として掲げることにした。

「社会人基礎力」のベースは、「自分で職業選択が可能となる確かな学力」であり、大学や就職といった人生を決める選抜試験等の面接において、「自分の言葉で自分をアピールできるコミュニケーション力」なのである。そうした力が付いていなければ、自分の理想とする社会人や職業人を目指すことはできない。このことは、2017（平成29）年の日本経済団体連合会の調査でも、就職選考に当たって特に重視した点として、「コミュニケーション能力」が15年連続第1位という結果に示されており、企業が「言葉による表現力」を重視していることがここからも見てとれる。

4 本校の目指す生徒像「嶺北 ACT（アクト）」

学校教育目標が決まれば、次は、「目指す生徒像」である。本校では、学校教育目標の「社会人基礎力として必要な資質・能力」とは何かということについて、研究推進委員会の中で、KJ法を使って協議し、「嶺北 ACT（アクト）」を作成した。「ACT」とは、「Active Learning」の「ACT」から取った言葉である。これは、資質・能力を「Action」「Collaboration」「Thinking」と三つのカテゴリーに分け、それぞれに三つの能力を定めたもので、それぞれの頭文字とも合致している。本校では、この資質・能力を身に付けた生徒を「目指す生徒像」と捉え、敢えて「目指す生徒像」という言葉を学校の表看板には用いないこととしている。これも、「目標は少なくシンプルに！」という本校戦略の一つである。

「Action」には「主体性」「向上心」「実行力」を、「Collaboration」には「コミュニ

ケーション力」「協調性」「責任感」を、「Thinking」には「課題発見力」「探究力」「創造力」をそれぞれに示し、全教育活動を通じて、本校生徒たちには、これらの力を身に付けさせたいと考えている。

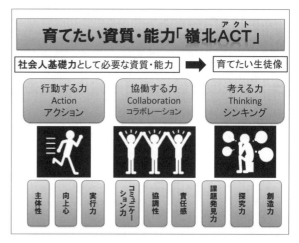

こうして苦労して作った「嶺北ACT」を、「絵に描いた餅」で終わらせる訳にはいかない。そのためには、何と言っても教職員の意識にこの資質・能力を浸透させなければならない。校長として、教職員の意識に浸透するよう、様々な教育活動の場面で、繰り返し「嶺北ACT」を話題に上げ、「自分ごと」として捉えられるよう日々努めている。

「嶺北ACT」は、言わば「目標」である。それも、生徒たちに身に付けさせたい「資質・能力」であり、生徒・教職員共通の「目標」である。教職員だけがいくら頑張っても、その目標を達成することはできない。生徒にとっての「他人ごと」であったなら、その効果を最大限に発揮することは難しい。そこで、本校では、生徒たちにとって「自分ごと」の目標となるよう、毎年年度初めに、生徒会長から全校生徒に「嶺北ACT」の内容やねらいについて説明す

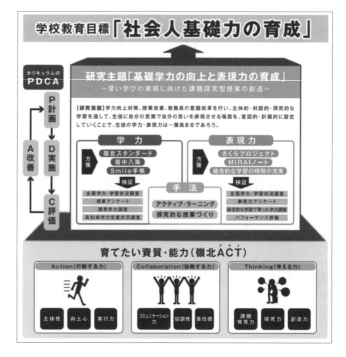

る場を設け、生徒たちの内面に働きかけるよう工夫している。また、各教室の黒板の上には、常時「嶺北ACT」を掲示し、生徒の目に見えるところに置くことで意識の定着につなげている。

そして、「嶺北ACT」をベースに、「基礎学力」と「表現力」の二つを重点戦略とし、「基礎学力の向上と表現力の育成～深い学びの実現に向けた課題探究型授業の創造～」を本校の研究主題に定め、現在、取り組んでいるところである。

3 「チームとしての学校」を意識して、校内研究組織を考える

●POINT
・課題が複雑化・多様化して、学校や教員だけでは十分に解決できない時代になってきている。
・「チームとしての学校」のリーダーである校長には、マネジメント力が求められている。
・研究は教員だけの力では進まない。
・専門スタッフ等の力を借りることを躊躇わない。

1 「チームとしての学校」を考える

　2015（平成27）年12月の中央教育審議会の答申（「チームとしての学校の在り方と今後の改善方策について」）において、「チームとしての学校」が求められる背景として、次のことが示された。

> 　（前略）その一方で、社会や経済の変化に伴い、子供や家庭、地域社会も変容し、生徒指導や特別支援教育等に関わる課題が複雑化・多様化しており、<u>学校や教員だけでは、十分に解決することができない課題も増えている。</u>
> 　また、我が国の学校や教員は、欧米諸国の学校と比較すると、多くの役割を担うことを求められているが、これには子供に対して総合的に指導を行うという利点がある反面、役割や業務を際限なく担うことにもつながりかねないという側面がある。国際調査においても、我が国の教員は、幅広い業務を担い、労働時間も長いという結果が出ている。
> 　以上のような状況に対応していくためには、<u>個々の教員が個別に教育活動に取り組むのではなく、校長のリーダーシップの下、学校のマネジメントを強化し、組織として教育活動に取り組む体制を創り上げるとともに、必要な指導体制を整備することが必要である。</u>その上で、生徒指導や特別支援教育等を充実していくために、学校や教員が心理や福祉等の専門家（専門スタッフ）や専門機関と連携・分担する体制を整備し、学校の機能を強化していくことが重要である。
> 　このような「チームとしての学校」の体制を整備することによって、教職員一人一人が、自らの専門性を発揮するとともに、専門スタッフ等の参画を得て、課題の

解決に求められる専門性や経験を補い、子供たちの教育活動を充実していくことが期待できる。
(下線部筆者)

「チームとしての学校」のトップは言うまでもなく校長である。答申では、「校長は、専門性や文化が異なる職員を束ねて成果を出していくために、学校の長として、子どもや地域の実態等を踏まえ、当該学校の『チームとしての学校』の在り方について、学校の教育ビジョン等の中で明確に示し、教職員と意識や取組の方向性の共有を図ることが必要」「多様な専門性を持った職員を有機的に結びつけ、共通の目標に向かって動かす能力や、学校内に協働の文化を作り出すことができる能力などの資質が求められる」と校長の「マネジメント力」の必要性にまで言及している。

2　校内研究組織

カリキュラム・マネジメントを組織的・効率的に推進していくためには、校内の研究組織をいかに機能させるかが鍵となってくる。

本校では、右の図のように研究推進委員会を研究の中核に据え、「学力向上部会」「総合学習活性化部会」「学習環境充実部会」の3部会で組織を構成し、全教職員はいずれかの部会に所属することになっている。

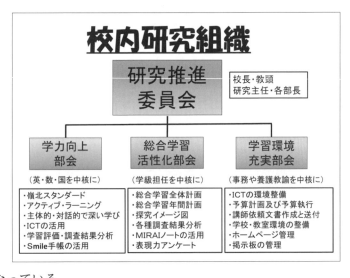

重点目標の「学力」については「学力向上部会」が、もう一方の重点目標である「表現力」については、「総合学習活性化部会」がそれぞれリーダーシップを発揮しながら、本校研究を牽引している。「学習環境充実部会」は、二つの部会のサポート的存在で、研究を推進するうえで「縁の下の力持ち」とも言える重要な役割を担っている。

組織の構成員としては、「学力向上部会」と「総合学習活性化部会」は、教諭や期限付き講師といった子どもたちと直接関わる教員で構成している。ここまではどの学校でも研究組織として当たり前に行われていることである。

本校の研究組織の特色としては、「チームとしての学校」を意識し、校内研究組織の中に「学習環境充実部会」を設けたことにある。構成員として、学習環境充実部会のトップには、事務の総括主任を置き、事務主任や養護教諭、学校栄養教諭、学習支援員、スクー

ルカウンセラー、スクールソーシャルワーカー、ALT等を配している。校内研究組織に事務職員等を含んで構成している学校はまだまだ少なく、こうした取り組みは、国が求めている「多様な専門性を持った職員を有機的に結び付けた研究組織」として「チームとしての学校」の先導的な取り組みであると自負している。

こうした組織改革も、カリキュラム・マネジメントの三つの側面として三番目に示された「教育活動に必要な人的・物的資源の効果的な活用」と捉えることができる。

3　チーム力

これを、嶺北マンダラートに当てはめて考えてみたい。

前述の「校内研究組織」については、まさしく「役割の分担」に当たる。

しかし、役割を分担しただけで、最大限の効果を発揮するとは限らない。各チームが分担しながら、「チームとしての学校」として、最大限の効果を発揮するためには、ここに書かれている「報・連・相の徹底」や「ポジティブな言葉掛け」「目標の共有・ベクトル合わせ」「情報共有」「協調性・同僚性」「会話・コミュニケーション」といった要素が必要になってくる。さらに、「チームとしての学校」をマネジメントするうえでは、校長の「リーダーシップ」や校長や同僚からの「ポジティブな言葉掛け」、管理職や教職員間における「会話・コミュニケーション」、学校組織としての「報・連・相の徹底」などが重要である。

報・連・相の徹底	ポジティブな言葉掛け	リーダーシップ
目標の共有ベクトル合わせ	チーム力	情報共有
協調性同僚性	会話コミュニケーション	役割の分担

本校では、カリキュラム・マネジメントの視点を学校改革の大黒柱に据え、全教職員で「目標の共有・ベクトル合わせ」を行っている。また、職員会を減らし、運営委員会や学年会を機能的に組み合わせ運用していくことで「情報共有」に努めている。また、職員室や各種会議の場では、「できない理由」や「やらない理由」「不平・不満」といったネガティブな発言を控え、ポジティブな言葉掛けや温かい会話、円滑なコミュニケーションが図れることを心掛け、「チーム嶺北」として協調性や同僚性が高まるような工夫を行っている。

また、私自身も校長として、教職員と接するときは、常に「笑顔」や「ポジティブ思考」「温かい言葉掛け」を心がけ、成果が上がった取り組みや新しい提案に対しては、的確に「ほめる」よう留意している。

4 「学力向上」へのカリキュラム・マネジメント

●POINT
- タイトルやスローガンの後ろには、必ず年号を入れておこう。そうすることで、「作りっぱなし、貼りっぱなし」は防げる。
- 「授業改善」の取り組みは、まずは教師の意識改革から。
- 教師の「守る心」のリミッターを外し、「変革の心」に火を点けよう。
- 学校独自のフレームワークを開発し、授業改善に取り組んでいこう。
- 他の教員の授業をたくさん見ることが、授業改善の一番の近道である。
- 生徒にもPDCAサイクルを回させよう。
- 生徒の力を信じて、生徒の力を借りよう。

1 「嶺中八策」

　ここからは、本校の重点目標である「学力向上」の取り組みについて紹介していく。

　下に示したものは、「嶺北マンダラート2018」として作成したものから抜粋したもので、今年の「学力向上対策」に関する部分である。

　「学力向上」という目標を達成するためには、生徒に直接かかわる様々な学力向上対策と、教師の授業改善の両面からアプローチしていかなければ、最大限の効果を上げることはできない。「嶺北マンダラート2018」では、8個の戦略のうち2個が「学力向上」に関する戦略となっており、本校にとっては最重要戦略と言える。

　本校の現状分析でも示したように、「生徒の学力を上げる」ことは、本校にとって2007（平成19）年の開校以来の最大の課題であった。

　2012（平成24）年、本校に赴任してまもなく、この学力問題について、教職員全員で真剣に協議する場を持った。様々な対応策が提案されたのだが、その出された対応策を8

長期休業中の加力補習	家庭学習Smile手帳の活用	ICTの活用学習環境・整備		公開授業の実施・参観	単元構想授業計画	構造的な板書
全国学テ・県版学テの検証・評価	学力（嶺中八策）	「わかる・できる・使える・役に立つ」授業		教材開発教材研究	授業力	嶺北スタンダード（深い学び）
定期テスト・確認テストの実施・検証	各種検定に挑戦	学習タイムの活用（帯時間）		研修会への積極的参加	授業アンケートによる検証・評価	A・L授業改善

4 「学力向上」へのカリキュラム・マネジメント

個に絞り込み、「嶺中八策(れいちゅうはっさく)」と命名し、学校全体でこの学力問題に真正面から立ち向かっていくことを全員で確認し、「新生嶺北中学校」は船出した。この「嶺中八策」のネーミングの由来は、土佐の偉人である坂本龍馬の「船中八策」になぞらえたものである。大切なことは、こうしたアイデアを教職員全員で出し合うことであり、そうした過程を踏むことが、教職員の「やらされ感」からの脱却につながると考えている。

下に「嶺中八策 2018」を示しているが、これは、2012（平成24）年に作成して以来、毎年毎年リニューアルし、6年の歳月の中で少しずつ変容を遂げてきたものである。

「2018」と、タイトルやスローガンなどの後ろに年号を書き入れておくというほんの少しのアイデアなのだが、これがあるだけで、「作りっぱなし、貼りっぱなし」を防ぐことができる。この年号を入れるというちょっとしたアイデアはお薦めである。

【嶺中八策　2018】

- 方策1　1日10分間の「学習タイム」（英・数・国）による基礎固め
- 方策2　「少人数・習熟度別学級編成」（英・数）や「ティーム・ティーチング」による個に応じた授業の実施
- 方策3　長期休業中の「加力補習」による学力向上
- 方策4　「嶺北スタンダード」
  - ◇子どもたちが見通しをもって粘り強く取り組み、自らの学習活動を振り返って次につなげる「主体的な学び」の実現
  - ◇他者との協働を通じて、自らの考えを広げ深める「対話的な学び」の実現
  - ◇習得・活用・探究という学習プロセスの中で、課題の発見・解決を念頭においた「深い学び」の実現
- 方策5　「Smile手帳」の活用による家庭学習の充実とタイムマネジメント力の育成
- 方策6　「振り返り授業」（確認テスト）の実施による学力の定着
- 方策7　「英検・漢検」の全員受検及び「数学オリンピック」等への参加による学習意欲の向上
- 方策8　「朝読書」による語彙力・集中力の向上

2　研究指定校としてのミッション

2014（平成26）年度からは、高知県教育委員会の「学力向上推進指定校」として研究指定を受け、2015（平成27）年度からは、高知県教育委員会の「探究的な授業づくりのための教育課程研究事業」として3年間の研究指定を受け、新しい学習指導要領を見据えた「探究的な授業づくり」の先行研究に取り組んできた。

2015（平成27）年度からの研究指定には大きな意義が含まれていた。2014（平成26）年11月20日に、文部科学大臣から中央教育審議会に対して諮問文（「初等中等教育における教育課程の基準等の在り方」）が出され、その中に「アクティブ・ラーニング」という言葉が登場したことで、教育委員会や学校現場は「次の学習指導要領の目玉（キーワード）はアクティブ・ラーニングらしい」と色めき立っている時期であり、本校の研究は、「アクティブ・ラーニングとは何ぞや！」という「問い」からスタートしたことが、今も鮮明に思い出される。

　この研究指定事業は、本研究を通して県内の中学校の学力向上につなげることを最終目的としていたのだが、その研究過程において、「アクティブ・ラーニングの手法を取り入れた新たな授業モデルの構築」「総合的な学習の時間の充実」「探究的な授業モデルの開発」「新しい学習指導要領の具現化」「カリキュラム・マネジメントについての先行研究」「評価方法の工夫」「組織的・効率的な校内研修の在り方」などについて研究し、研究発表会や公開授業研修会を通して、その取り組みの成果を広く県内外に情報発信するとともに、県内の中学校の牽引役としての役目も求められていた。

3　「探究的な学習」とは

　2010（平成22）年11月に文部科学省から出された「今、求められる力を高める総合的な学習の時間の展開」の中で、「探究的な学習とは、図のような問題解決的な活動が発展的に繰り返されていく一連の学習活動である」と定義され、①課題の設定、②情報の収集、③整理・分析、④まとめ・表現、といった学習過程のことであり、次の図で説明されている。

　これを各教科に置き換えた場合、下の図のように、今までは、どちらかと言うと、知識・技能の「習得」に重点が置かれがちであった授業、また、「チョーク＆トーク」と揶揄されるような教師主導型の教え込み型の授業を改め、「アクティブ・ラーニング」の手法を取り入れながら、総合的な学習の時間のような「課題探究型」の授業へと変化させていくこと、生徒が主人公となる授業へと変容させていくこと、バランスよく単元を構成し

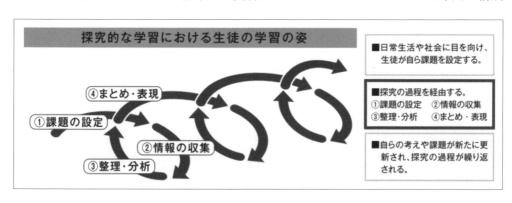

ていくことなどが、各教科における「探究的な学習」の創造につながると考えている。

ここで言いたいのは、習得型の授業をすべて否定し、教師が「教えるな」と言っているのではない。2016（平成28）年12月の中央教育審議会の答申（「幼稚園、小学校、中学校、高等学校及び特別支援学校の学習指導要領等の改善及び必要な方策等について」）にもあるように、教師がしっかり教えて、知識・理解を確実に習得させてこそ、主体的・能動的な「活用」「探究」の学習過程、質の高い学びが実現できるのである。私自身、2000年代にアメリカで始まったと言われる「反転授業」や、東京大学の市川伸一教授が提唱する「教えて考えさせる授業」も、課題探究型授業（アクティブ・ラーニング型）に含まれると理解している。

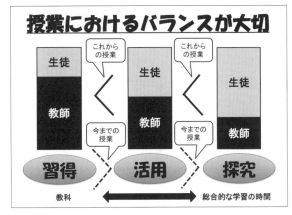

【参考】 中央教育審議会（答申）　2016（平成28）年12月21日
第7章 どのように学ぶか
　2．「主体的・対話的で深い学び」を実現することの意義
○　質の高い深い学びを目指す中で、<u>教員には、指導方法を工夫して必要な知識・技能を教授しながら</u>、それに加えて、子供たちの思考を深めるために発言を促したり、気付いていない視点を提示したりするなど、学びに必要な指導の在り方を追究し、必要な学習環境を積極的に設定していくことが求められる。そうした中で、<u>着実な習得の学習が展開されてこそ</u>、主体的・能動的な活用・探究の学習を展開することができると考えられる。
（下線部筆者）

4　「授業力向上」への取り組み――求められる教師の意識改革

2017（平成29）年3月、新しい学習指導要領が公示された。新しい学習指導要領作成の過程においては、中央教育審議会から、「アクティブ・ラーニング」「主体的・対話的で深い学び」「育成を目指す資質・能力」「カリキュラム・マネジメント」「社会に開かれた教育課程」「チームとしての学校」などのキーワードが次々に示され、本校では、その都度、それぞれのキーワードに敏感に反応しつつ、研究・実践に取り組んできた。

「カリキュラム・マネジメント」については、第1章で示した大阪教育大学の田村知子教授の「学校の教育目標をより良く達成するために、組織としてカリキュラムを創り、動かし、変えていく、組織的かつ発展的な、課題解決の営み（2011）」という定義（p.2 参

照)をもとに、「学校教育目標」が有名無実化してないか、お題目や掛け声で終わっていないか、定期的に評価・見直しが図られているか、といった観点から学校改革を進めてきた。

学力向上策としては、「アクティブ・ラーニング」の視点に立ち、「教え」から「学び」へと授業改善を図るために、「嶺北スタンダード」や「嶺中八策」の策定、「授業アンケート」による教員の意識改革、「Smile手帳」による生徒の家庭学習の充実等に取り組んできた。また、「探究的な学びの構想を可視化する授業プラン」という独自の学習指導案の形式を考案し、「主体的な学び」「対話的な学び」「深い学び」の実現に向けて授業の質的改善に努めている。

「授業を変えろ」と言うのは簡単なことだが、これが一朝一夕にはいかない。その大きな要因の一つに、教員の旧態依然とした変革を嫌う体質や変化を好まない学校風土の問題がある。「変わらなければ」と、教員自らが自分の心にある「守り」のリミッターを外し、その「変革」の心に火を点けなければ、なかなか変わることはできないと考えている。

また、「授業が変わらない」もう一つの理由は、業務が多忙なことから、他の教員の優れた実践を見たり、優れた実践から学んだりする機会が少ないことが考えられる。それに加え、中学校は教科担任制ということもあり、他教科の授業実践を見る機会は小学校に比べて遥かに少ない。また、少子化等の影響から小規模校が増え、各校に各教科1名しか教員が配置されていないことも多く、同一教科の教員から学ぶ機会も減った。こうした理由が重なり、何十年も前に自分が受けてきた授業そのもののイメージから抜け出せていない教員が多いと考えられる。

そこで本校では、教員の意識改革こそが、「授業力向上」の近道であると考え、次の方策に取り組んでいる。

方策1　年間30回を超える公開授業や研究授業の実施

「授業力」を高めるポイントは、①自ら授業を実践し、多くの人に見てもらう②他の優れた授業を参観する③授業について語り合う、という「実践・参観・交流(やる・見る・語る)」だと考えている。

本校では、昨年度(2017年度)は32回、今年度(2018年7月時点)も30回を超す多くの授業を公開することで、お互いに参観・交流ができる機会を増やすように努めている。

公開授業の様子

4 「学力向上」へのカリキュラム・マネジメント

方策2 研究協議の工夫（ワークショップ型校内研修）

　授業後の研究協議の時間は限られている。本校では、基本的に16時10分から勤務時間の16時45分までの35分間で行うことにしている。中学校の場合、部活動指導もあり、勤務時間を過ぎてから長時間の協議を続けてもなかなか成果が上がらない。そこで、研究協議の流れとして、「①授業者から→②グループワーク→③グループ発表→④助言・まとめ」という流れを決め、短時間で効率的な研究協議が実施されるよう工夫している。

　グループ協議では、青・黄・ピンクの3色の付箋紙を使い、青が「良かった点」、黄が「改善点」、ピンクが「改善提案」と分類し、授業を参観している間に付箋を記入しておき、研究協議ではKJ法を使って話し合いをすることで、時間短縮を図っている。また、参加者全員が主体的・能動的に課題解決に向けた話し合いに参加できるよう、授業同様のアクティブ・ラーニング型研修になるよう心掛けている。

　また、公開授業研修会や研究発表会など、外部からの参観者が多い場合は、外部の人が授業者や助言者に配慮して率直な意見が出しづらいことを考慮し、研究協議はワールドカフェ方式で実施している。ワールドカフェ方式では、少人数のグループにすることで、参加者の発言機会も増え、話し合いも活性化し、短時間で多くの意見が出るなどのメリットがあり、こうした参観者が多い場合は、ワールドカフェ方式が有効と言える。ぜひ、他校でも一度取り入れて実施してみることをお薦めしたい。

ワールドカフェの様子

[本校でのワールドカフェのやり方]

1　参加者全員に話し合いの「テーマ」を伝え、全体で共有する。
　　※今年は、「主体的」「対話的」「深い学び」の三つの「テーマ」で実施
2　小グループ（4人〜6人程度）に分かれて、それぞれの「テーマ」について話し合い、出された意見をホワイトボードに書いて残していく。
3　指定した時間（10分以内）が経過したら、グループの1人を残し、新たにグループを再構成し、再度同じ「テーマ」で協議する。その際に、残っていた1人は、自分たちのグループではどのような意見が出されたのかを新しいメンバーに伝え、それを聞いたうえで、新たに話し合いを再開する。
4　同じことを数回繰り返した後、各グループの代表者が、全参加者の前で報告を行い、出された意見を参加者全員で共有する。

第3章 「学校経営マンダラート」からみる嶺北中学校の実践

方策3 嶺北スタンダード（新たな授業モデル）の作成

　今、我々教員に求められている新しい21世紀型の授業とはどのようなものであろうか。私は、一言で言うと「児童・生徒が主体となり、思考力・判断力・表現力等を活用しながら課題解決に取り組み、その取り組んだ内容が社会とつながっていると実感できる授業」と捉えている。そこで、そうした授業モデル（フレームワーク）を予め設定しておき、そのモデルどおりに生徒の姿をイメージしながら学習計画を立てることで、若年やベテランを問わず、誰もが新しい授業スタイルでの実践が可能であると考え、「嶺北スタンダード」という本校独自の授業モデルを構築した。

　この、授業モデルの特徴は、「めあての提示」と「振り返り」を学習活動に位置付け、必ず実施すること。そして、展開では、「探究的な課題」を設定し、課題解決に向けた「思考」「表現」する活動を通して「まとめ」に至るのだが、「まとめ」「振り返り」の段階で、生徒が「わかる・できる・使える・役に立つ」と「実感する場面」を必ず指導案に盛り込まなければならない点にある。

　ここで、生徒に示す「めあて」「探究的な課題」「まとめ」「振り返り」という言葉の違いについて触れておきたい。意外と、この言葉の意味を正しく理解していない教員が多いことに驚かされる。特に、「めあて」と「探究的な課題」、「まとめ」と「振り返り」を混同していることが多い。第1章で示した「目的」「目標」「方針」（p.8参照）と同様に、まずは、それぞれの言葉の意味について、学校内で共通理解を深める場を設定してみてはどうだろうか。

　「めあて」は、目標と同義であり、「付けたい資質・能力」を表し、「何ができるようになるのか」「何を身に付けさせるのか」「何を達成させるのか」といったことを、児童・生徒

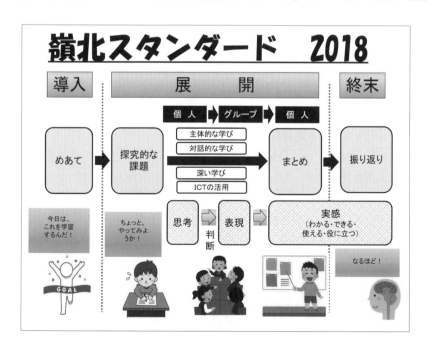

の立場で、わかりやすく表現したものである。「ゴールの姿」や「ゴールまでの道筋」をイメージし、評価規準がしっかり見えていないと、「めあて」は曖昧なものになってしまう。したがって、「今日の1時間で〜ができるようになろう」「〜の秘密を探ろう」「〜について調べよう」「〜について考えよう」といった「〜しよう」という表現で示すことが適している。

「めあて」を立てる場合、第1章で示したように、「学習活動」だけではなく、「目的」や「手立て」が入ると、「めあて」は、より具体的なものになってくる。本校の1年生を例に考えると、「コミュニケーションキャンプの様子を学級新聞にまとめよう」といった学習活動がメインの「めあて」に、「目的」を加えると、「<u>全校生徒にコミュニケーションキャンプの様子を伝えるために、</u>学級新聞にまとめよう」という表現に変化する。さらに、「手立て」が加わると、「全校生徒にコミュニケーションキャンプの様子を伝えるために、<u>写真を入れたりインタビュー形式で表現したりしながら、</u>学級新聞にまとめよう」という「めあて」になり、生徒たちにとって「活動のゴール」や「ゴールまでの道筋」がより鮮明に見えてくることは容易に想像できるであろう（下線部筆者）。

「探究的な課題」とは、「めあて」を解決し、ゴールに到達するために取り組む内容や方法である。本校では、課題探究型授業（「課題の発見と解決に向けて主体的・協働的に学ぶ学習（アクティブ・ラーニング）」）を研究主題に掲げていることから、生徒が主体的に追究したくなるような「課題」を「探究的な課題」と名付けている。したがって、「なぜ、〜なのか」「〜することはできるだろうか」「どうして〜したのだろうか」といった疑問を投げかけるような表現がふさわしいと考えている。

「まとめ」は、「探究的な課題」に対する結論であり、その時間内に解決すべき事柄である。また、「めあて」に対する答えとしての「まとめ」も必要である。「何を学んだか」「何ができるようになったか」をここで確認しておかなければ、本時の「めあて」に対する授業評価は曖昧模糊たる状況になってしまう。

「振り返り」は、本時の学びを振り返らせ、自覚させるものである。これによって、子どもたちの変容した姿、「ビフォー・アフター」が見えてくる。また、常に自分の学びと向き合わせていくことで「メタ認知能力」の向上も期待できる。こうした活動を積み重ねていくためには、日々の授業で自己評価活動である「振り返り」の時間と場を必ず保証し、継続し、習慣化させていくことが大切である。「〜ができた・〜ができなかった」といった結果だけを書くのではなく、「何がわかったのか、どこがわからなかったのか」といった視点を持たせながら書かせていきたい。

「振り返り」については、最初は書けない生徒も多くいると思われるので、「今日の○○の学習で、△△すると□□することができることがわかった。次は、今日の学習を生かして◇◇についてもっと勉強していきたい」とか、「今日の○○の学習では、△△の部分についてあまりよく理解ができなかったので、家庭学習で参考書を使って◇◇について復習して

理解を深めたい」といった「フレームワーク」を示してあげることも必要だと考えている。

なお、「ねらい」は、教師の立場で書くものであり、授業で子どもたちに示すことはない。評価規準との整合性を図りながら作成していくものだと捉えている。

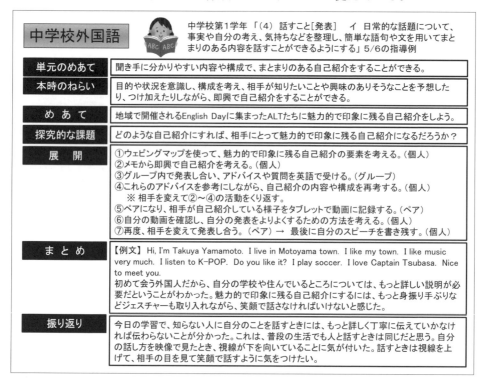

方策4　探究的な学びの構想を可視化する授業プラン

さらに、研究を進める中で、「嶺北スタンダード」の良さを生かしながら、「アクティブ・ラーニングの視点」を取り入れるために、学習指導案の形式を変え、「主体的な学び」「対話的な学び」「深い学び」の過程の実現に取り組んでいる。

このことについては、2016（平成28）年12月の中央教育審議会の答申（「幼稚園、小学校、中学校、高等学校及び特別支援学校の学習指導要領等の改善及び必要な方策等について」）において、「『主体的・対話的で深い学び』は、1単位時間の授業の中で全てが実現されるものではなく、単元や題材のまとまりの中で、例えば主体的に学習を見通し振り返る場面をどこに設定するか、グループなどで対話する場面をどこに設定するか、学びの深まりを作り出すために、子供が考える場面と教員が教える場面をどのように組み立てるか、といった視点で実現されていくことが求められる」とあり、1単位時間の授業の中に全てを盛り込めと言っているのではないことは十分承知している。

だからと言って、「単元の中でこれを実現してください」と教員の自主性に任せていては、教員の授業改革は一向に進まない。「主体的」「対話的」という方法については、ある程度理解できても、今回の学習指導要領に新たに登場した「深い学び」については、授業でそれが実現された姿をイメージすることが難しい。実現された姿を、直接目にすること

4 「学力向上」へのカリキュラム・マネジメント

が「深い学び」の理解には必要不可欠なのである。

そこで、本校の公開授業や研究授業では、1単位時間の中に、「主体的」「対話的」「深い」学びの3場面を必ず設定した学習指導案（フレームワーク）で授業を実施することとしている。前述したように、教員の意識改革において、「他の教員の授業から学ぶ」ことが特効薬であり、「主体的」「対話的」「深い学び」を意識した授業を見せていくことが、授業改善への近道であると考えている。

タイトルについても「探究的な学びの構想を可視化する授業プラン」と一新した。ポイントは、次のとおりである。

① カリキュラム・マネジメントの観点から、教科目標（授業内容）と学校教育目標（本校の育てたい資質・能力「嶺北ACT」）との関連を明記していること
② 「主体的な学び」「対話的な学び」「深い学び」が実現されている授業場面をイメージし、教師（T）と生徒（S）のやり取りの場面を具体的に言語化させていること
③ 「嶺北スタンダード」の授業の流れを左側に示し、「嶺北スタンダード」に沿って1時間の授業が構成されていること
④ 計画された板書により思考の可視化が図られ、授業の流れが板書から見えること
⑤ 生徒観（生徒の実態）には、生徒の学力について、各種データやアンケート結果に基づいて、その要因や対策などについて具体的に記入していること
⑥ 見やすく、わかりやすいようA3裏表1枚にコンパクトにまとめられていること

この形式にして良かった点として、本校教員から次のような声が寄せられている。

○形式が決まっているので、初めて本校に赴任してきた教員でも、この形式に沿って授業がイメージできるので、授業構成が組み立てやすい。
○「生徒が主体的に取り組んでいる場面」「生徒が活発に対話している場面」「深い学びが実現されている場面」を考えて板書計画を立てることで、板書の流れがスムーズになり、「板書」と「指導案」の一体化が図れるようになった。
○「深い学びが実現されている場面」をイメージすることが一番難しい。今までの授業から一歩進んだ「深い学びとは何か」について常に考えている。
○教師（T）と生徒（S）のやり取りの場面を言語化する作業を通して、教師の「発問」や「声掛け」「切り返しの発問」など、教師の言葉の精度を上げる必要があることをいつも痛感させられている。
○「学校の教育目標」と「教科の目標」を連動させることで、日頃から「学校教育目標」を意識して授業を行っていかなければならないと感じている。
○何度かこの指導案を書いていくうちに、教師（T）と生徒（S）のやり取りの場面では、T-S-T-Sといった一問一答形式ではなく、T-S-S-Sと生徒の発言がつながるようになる発問が大切だということに気付いた。
○「導入」に時間をかけすぎると、「深い学び」や「振り返り」まで到達しない。短時間で、しかも効果的な「導入」のやり方を考える必要がある。

第3章 「学校経営マンダラート」からみる嶺北中学校の実践

嶺北中学校〈探究的な学びの構想を可視化する授業プラン〉 平成29年6月19日 6校時

国語科学習指導案　3年「形」（東京書籍）　　授業者 ○○ ○○

単元観（教材の内容）

○単元の目標
- 場面や登場人物の設定、語り方から、作品の主題を読み取る。
- 作品の主題について自分の考えが伝わるよう、視点を変えて作品を書き直す。

○単元の評価規準

評価の観点	国語への関心・意欲・態度	読む能力	言語についての知識・理解・技能
評価規準	①単元の学習の流れについて知り、見通しをもっている。 ②作品の主題について自分の考えが伝わるよう、視点を変えて作品を書き直そうとしている。[C(1)イ]	①設定されている登場人物や場面を確認し、語り手や登場人物に作者がどのように語らせているか考えている。[C(1)イ] ②設定されている登場人物や場面を確認し、作品の主題について自分の考えをもち、作品の主題について自分の考えが伝わるよう、視点を変えて作品を書き直そうとしている。[C(1)イ]	○用件や目的に応じて、話や文章の形態や展開に違いがあることを理解している。[2年伝国(1)イ(ｲ)]

生徒観（生徒の実態）

〈学習の履歴について〉　　生徒数13名（男子4名、女子9名）

昨年度実施の高知県学力学習状況調査「読むこと」において、正答率が30％を下回っていた。二つの文を比較して伝えたい内容や表現の効果的な表現等について扱う学習の取り組みとして、言語活動の中に様々な手法を組み入れたことで、問われている内容を正確に読み取った。その答えについて根拠を明確にして表現することができるようになった。本校の学習ではリライトという言語活動の学習で自分の考えを具体的に表現することができるか表現する力を身に付けさせたい。み取り、その流れ読み取った内容を具体的に表現することができるか表現する力を身に付けさせたい。

単元計画（全5時間）

時間	主な活動内容	評価規準
1	・単元の学習の見通しをもつ。 ・単元の学習について知る。 ・テーマや小説について知り、作品の主題を話し合う。	・単元の学習の流れについて知り、見通しをもっている。
2	・「人間失格」「走れメロス」を読み比べ、リライトする際に作者が出てくる点について話し合う。	・用件や目的に応じて、話や文章の形態や展開に違いがあることを理解している。[2年伝国(1)イ(ｲ)]
3	・作者が、登場人物や語り手をどのように語らせているか、行動をさせているかを考える。	・設定されている登場人物や場面を確認し、行動について考える。[C(1)イ]
4	・「形」を音読し、設定されている主題について自分の考えをもつ。	・設定されている登場人物や場面を確認し、作品の主題について考える。[C(1)イ]
5	・二つの場面でのリライトの主題について自分の考えを表現する。	・作品の主題についての自分の考えが伝わるように作品を書き直そうとしている。[C(1)イ]
⑥	・「形」をリライトする。	・設定されている登場人物や場面を確認し、作品の主題について考える。[C(1)イ]
	・単元の学習を通して気付いたことを発表し、探究課題について振り返る。	

育てたい資質・能力（嶺北ACTとの関連）

「嶺北ACT」《育てたい資質・能力》
◆Action[行動する力]
　主体性
　実行力
　向上心
◆Collaboration[協働する力]
　コミュニケーション力
　協調性
　責任感
◆Thinking[考える力]
　課題発見力
　探究力
　創造力

主体性・探究力の育成

○主体性・探究力の育成

昨年度までの学習において、本学級の生徒は「書くこと」への抵抗感は弱まってきたが、問われていた内容を正確に読み取ることに依然として課題に対する自身の考えを見るとまとめられた内容を正確に読み取ることは課題があり見られる。そこで、本単元では、立場を変えてリライトする活動を通して作品の主題に迫ることを学習を進める。そのために、まずテーマの例の小説「リライト」の学習に触れ、リライトの意図に気付かせる。シラーの「人間失格」と太宰治の「走れメロス」を取り上げ、リライトの例として、単元を通して探究する課題として「人間失格」というどちらが大切なのかテーマを設定し、仲間と交流しながら作品の主題に迫るものとする。「形」と「中身」ではどちらが大切かという問いから、作品の主題に迫ることで生徒の「主体性」を高め、「形」を意識し、表現することで他者と交流させ、さらに粘り強く考えることで自分の考えを変えたり、立場を変化させたりすることを通して、「探究力」を高めたい。

探究課題

「形」と「中身」は、どちらが大切か？

- 本を選んだ作者は課題を「形」としたのだろう
- リライトする読者の立場
- ・絵を描き方向
- ・書き出し
- ・作品の主題
- ・登場人物の気持ちや行動に対する自分の考え
- ・語り手の心情や行動

「形」と「中身」は、どちらが大切か？

形	中身
生徒の考え キーワード	生徒の考え キーワード

生徒の考え
キーワード

「形」と「中身」の部分は何を表しているのだろう？

なぜ作者は題名を「形」としたのだろう？

板書計画

なぜ作者は題名を「形」としたのだろうか。

本当は「中身」の方が大切なのだけれど「形」に囚われて本当に大切なものを見失ってしまう。現代を生きる私たちにも気をつけなければならないというメッセージを伝えるために読み手に強く印象付けられるように題名を「形」としたからだろう。

4 「学力向上」へのカリキュラム・マネジメント

嶺北中学校 ＜探究的な学びの構想を可視化する授業プラン＞ 平成29年6月19日 6校時

【本時の目標】
・リライト文を通して、作品の主題について考える。

嶺北スタンダード (探究的な学び)	学習活動	指導上の留意点	評価規準 評価方法
めあて	めあて：リライト文分を通して、作品の主題について追っていこう！	・前時の学習について再確認する。 ◯徒兵 ②若い神 〈リライトする立場の視点〉 ・原文の書き方 ・作品の主題に関する作者の考え方 ・登場人物の心情 （会話文、「心の声」など） ・語りかけ等	・ゴールイメージをもたせる。
探究課題	探究課題： 1 前回において、「形」と「中身」では、どちらが大切か、作品を電子黒板を用いて説明する。（全体5分） →「リライトしている立場：それぞれ違う視点」 （個人5分→グループ5分） 2 リライト文をもとに探究課題について考える。 →〈探究課題〉 「形」と「中身」ではどちらが大切か。 →「形」と「中身」について自分の考えをそれぞれ違う色の付箋に書く。（個人） 思考ツールを用いてホワイトボードにまとめる。（グループ） 3 グループの発表を聞きながら、全体で共有した意見を、ホワイトボードに見える化し、自分の考えを伝える。 4 他のグループの発表を参考にしながら、自分の考えをまとめる。（個人5分）	・それぞれの立場から、どのような意図をもって作品を自由に選んだ片方の立場でリライトしたのかを、事前に選択した本文から電子黒板に映して説明する（全体5分）。 ・発表を受けて、リライトを行う際に意識した立場や視点をもとに探究課題について考える機会をもたせる。 ・リライトする立場を考えながら、名前を「形」にした作者は、なぜ作者名、題名を「形」にしたのだろう、と問いを出し考える。 ・発表を受けて、探究課題に迫っていく。 キーワードを示し、「形」と「中身」の間にあるものを、提示された視点は何かについて考えさせる。 ・課題に込められた作者の思いは何でなくてはならないのか、他の言葉ではいけないのかを具体的な言葉で考えさせる。	・設定されている登場人物や場面を再構成し、作品の主題について思いにふれている。 〔ワークシート、ホワイトボード、机間指導〕
振り返り	・本時の学習を通して気付いたことを、日常場面を関連付けて自分の言葉で振り返る。 ・他のグループの発表や紹介、学校行事など	・新たな発見や気付きを具体的な言葉で書くよう促す。	

導入：前時までの復習
まず、「中身」ではどちらが大切かの立場に立って、さて、次に、作品をリライトする際、どの立場から作品の主題に迫っていったのかなどを踏まえて、改めてリライト文を見ながら主題に迫り、作品の主題はあるだろうというゴールイメージをもたせる。

展開：主体的・対話的で深い学びの実現に向けて

主体的な学び
T：作品の主題を表現するためにどのような点を意識してリライトしたのか、何か共通しているところがあるかどうか、それを探る。
S1：二人のリライト文はそれぞれ違う立場でリライトしているけれど、何か共通していることがあるようだ。それを探ることは、探究課題の解決にもつながるのではないかという気がする。
S2：じゃあ、立場が違うところだけが相違点かな？
S3：いや、立場が違うからこそ主題に対する可能性があると、自分が描いた心情なども含めて表現しようとしている点もそうだ？
S4：二つのリライト文の共通点と相違点について探究課題にどのように迫るとよいか。
S5：二人の発表では、最が大切な場面だったり、クライマックスな場面が、本文中の作者の思いの表れや、編み出された主題だったりしたかもしれない。
○○○○、Bさんの文では「○○○○」と書かれている。

対話的な学び
S1：私は、「形」、だと思う。だって、若い神付は、新兵衛のりライトしたことは、初陣である仲谷活躍することはできなかったんじゃないかな、しかも、新兵衛も自分の「形」にこだわりがあることを分かっていたから、若い神付に貸してあげたんでしょ。
S2：でも、新兵衛のせいなら「我らは中身」とめるとらえる方もあるようだ、それを探ることは「中身」だ。新兵衛は「中身」ではなく個性があるから「実力」が、あるからこそ、僕は、「中身」が一番大切だと思う。
S3：三人の意見を聞いて、「形」も「中身」も必要だと思う。でも、作者の表題名は「形」だよ。というこは、より「形」が大切だという。
S4：「形」は「中身」を深く意識した場面で提案されたわけではなかった。でも、兵衛は「中身」をきるとがある。ここから、「形」がなかっただけじゃないけど、よくして「中身」がなかっただけでもないんじゃないか。だから……。

深い学び
S1：A君は、「形」が大切だと思っていました。でも、本当にそうでしょうか。たしかにどれだけ立派な「形」を身にまとっていても、「中身」が伴わなければ勝つことはできないと思います。でも、新兵衛は、若い時からそうだったのかなと思います。若い時代には、何度も練習を重ねたりしたからこそ、「形」も「中身」も大切だと思うのではないでしょうか。
S2：B君の意見を聞いて、やはり「形」ということだけに意識があるな、と思いました。「中身」がなければ、勝てないと思います。でも、その3割の「形」があると思えるのかもしれないので、やはり「形」が一番大切なんじゃないかな。
T：「中身」7割、「形」3割と考えるひとと、「形」と「中身」両方とも大切と考えるひと、いますね。（ペン図に吹き出しを貼る。）
S4：私は「リライトの○○○○」を貼ったんです。

〈到達した生徒の姿〉
リライトする際に意識した作品への視点を探究課題に迫り、解決の糸口を主体的に見つけようとしている。

〈到達した生徒の姿〉
リライトする際に意識した作品への視点や、提供の考えを広げたりするなかで、互いの考えを広げたりしている。

〈到達した生徒の姿〉
立場を変え「リライト文」を考えたことで、主題を深く追っていることに気付いている。

終末：振り返り
単元の学習を通して気付いたことや学んだことをもとに、自分たちの生活体験と関連付けながら具体的な言葉や音楽で振り返る。

本授業については、東京書籍の東書Ｅネットにも中学校国語科の事例として紹介されているので、その紹介文を合わせて掲載しておく。

[東書Ｅネット掲載文]

> 高知県長岡郡本山町立嶺北中学校　校長　**大谷俊彦**
>
> 　本校は、平成27年度から、高知県教育委員会の「探究的な授業づくりのための教育課程研究事業」の研究指定を受け、新しい学習指導要領の先行研究に取り組んでいます。
>
> 　新しい学習指導要領では、「社会に開かれた教育課程」「育成を目指す資質・能力」「主体的・対話的で深い学び」「カリキュラム・マネジメント」「チームとしての学校」などのキーワードが示されました。
>
> 　本校では、いち早く「アクティブ・ラーニング」に着目し、授業改善を中心に研究を進めてまいりました。平成28年度は、学習指導案の形式を「探究的な学びの構想を可視化する授業プラン」として全面改定し、「主体的な学び」「対話的な学び」「深い学び」の実現を図り、探究的な授業の創造に向けて、教職員一丸となって研究に努めています。
>
> 　今回紹介する「形」（菊池寛作・東京書籍国語科教科書３年）の指導案では、いかにして「深い学び」が実現できるかが、この授業のポイントとなりました。授業においては、生徒たちに思考ツールを活用して考えを整理させる場面を設け、板書で生徒の思考が活性化するよう、ベン図を使って価値の対比をわかりやすく示す工夫をしました。
>
> 　授業の後半場面では、ある生徒から、「中身が大切なことは言われなくても分かっている。しかし、恋愛相手で考えた場合、中身も大切だけど、私の中では外見も大きな要素だ」と、自分の恋愛観と重ねた発言が飛び出すなど、時代背景は違っても、「形」という小説を通して、教材と今の自分の生活、社会や人生と重ねて考えることができているように感じました。
>
> 　「主体的・対話的で深い学び」に一歩ずつ近づいていることを実感する授業となりました。

方策５　生徒からの通知票－「授業アンケート」の実施－

　学力を把握・分析し、教育施策の改善を図るために「全国学力調査」が実施されているのだが、本校では教員の授業力向上を目的に、平成27年度から、全校生徒を対象にすべての教科で「授業アンケート」を実施している。

　調査時期は毎学期末とし、１～５問を「嶺北スタンダード」の実施状況について、６

4 「学力向上」へのカリキュラム・マネジメント

～9問を2007（平成19）年6月に学校教育法で定められた学力の三要素の一つである「主体的に学習に取り組む態度」（＝学びに向かう力）について問うこととした。

[授業アンケート]

1　先生は授業の始めに、めあてや見通しを示してくれる。
2　授業中、話し合う活動を通じて、自分の考えを深めたり広めたりする時間がある。
3　授業中、発表したり、友達と協力して課題解決したりする場面がある。
4　先生の説明や指導は丁寧でわかりやすい。
5　授業の終わりに、目標が達成できたか学習内容を振り返る場面がある。
6　（各教科）勉強することは好きである。
7　（各教科）授業内容はよくわかる。
8　（各教科）学習は、将来社会に出た時に、役に立つと思う。
9　（各教科）学習に積極的に取り組み、学力を高める努力をしている。

嶺北スタンダードを基軸としながら、以前から取り組んできていることもあり、到達目標を各項目80％以上としている。1学期の結果については、夏季休業中の校内研修で、全学年・全教科の集計結果を一覧にし、全教職員で分析し、課題解決につなげている。

次の図は、ある年の調査結果の一部をレーダーチャートに表したものである。「めあて」から左半分が「嶺北スタンダード」、右側が「主体的に学習に取り組む態度」に関する項目である。

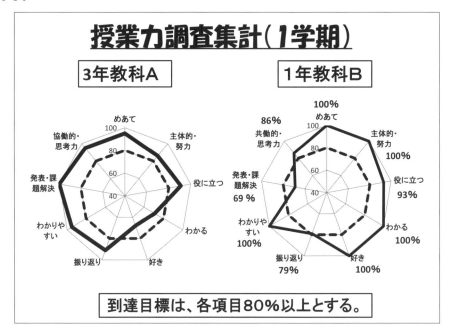

3年教科Aでは、1～5の「嶺北スタンダード」の項目ではすべて到達目標を達成しており、アクティブ・ラーニング型の授業が日々展開されていることが分かる。しかし、良い授業が展開されているにもかかわらず、「〇〇の教科を勉強することは好きである」

と「〇〇の授業内容はよくわかる」の項目で、目標の80％を超していない。

また、1年教科Bでは、生徒の学習意欲は全般的に非常に高い数値を示しているのだが、「授業中、発表したり、友達と協力して課題解決したりする場面がある」や「授業の終わりに、今日の目標が達成できたか、学習内容を振り返る場面がある」の項目で目標の80％に達していない。特に、アクティブ・ラーニング型の「対話的、協働的、課題探究的な授業」が展開されていないことがこの結果から見えてくる。

授業アンケートの分析

また、このアンケートを行ったことで、ほとんどの教科で「振り返り」に課題があることがわかった。このことは、研究授業などでも頻繁に見られることではあるのだが、導入や展開に時間をかけすぎてしまい、授業で本当に大切な「まとめ」や「振り返り」が疎かになり、授業が終末まで辿り着いていないということ、1時間で終わらせるべきところを完結させずに、次の時間に持ち越すことが日常化していることを意味している。こうした微差・僅差の積み重ねが大差となっていくのである。1時間1時間の授業の精度をより高めることが、授業改善の第一歩と考える。

調査する前は、自分の授業は概ね満足できる状況にあると高を括っていた教員が多かったようだが、生徒から教員へ届いた「授業に関する通知票」は予想以上に厳しく、それぞれの授業を生徒目線で振り返る良い材料となったようだ。

また、厳しい調査結果を突きつけられた教員からは、「自分の授業での課題がよくわかった」「2学期からは、調査項目を意識して自分の授業改善に努めていきたい」といったポジティブな発言が多く聞かれ、今後の授業改善の可能性を確信することができた。

方策6　家庭学習の充実－ビジネス手帳としての「Smile手帳」の活用－

学力向上に取り組むうえで、家庭学習の充実を外して考えることはできない。

そこで、本校では、平成29年度から、ビジネス手帳としての「Smile手帳」を活用し、家庭学習の習慣化に取り組んでいる。

教職員は、日々PDCAを回しながら工夫・改善に取り組んでいる。教職員と同様に、子どもたち自身がPDCAを回すことができるようになれば、日々の生活改善につながり、家庭学習の定着にもつながると考える。このビジネス手帳を学校教育に導入した一番大きな理由は、ビジネス手帳を使えば、そうした計画性やスケジュール管理を行うことが容易になると考えたからである。

本校が採用している手帳は、「フォーサイト　ふりかえり力向上手帳」という既製のも

ので、町の教育委員会が小学校5年生から中学校3年生まで無償で配付し、全員に持たせている。いわゆる、今流行りのPDCA手帳である。

「カリキュラム・マネジメント」とは、計画を立て、実行し、その結果を確認しながら改善を図っていくことであり、「カリキュラム・マネジメント」を「学校の売り」にしている本校だからこそ、PDCAを回せる実行力のある生徒を育てていきたい。また、「社会人基礎力」を看板に掲げている本校だからこそ、中学生のうちにこの考え方を身に付け、社会に出て自分で考え行動できる実行力を育んでいきたいと考えている。

何も計画を立てずに家庭学習をしてもなかなか成果は見えてこない。この手帳では、まず1週間の大まかな計画を立て、毎日、帰りの会で、明日の予定を書き込み、その日の家庭学習の計画を立てることになっている。計画したことの結果や成果を記録しながら勉強を進めていくことで、自分が今どの程度の力なのか、どんな勉強が必要なのかを管理をすることができる。また、この手帳では、勉強に限らず、自分の計画性や行動力についても、常に「振り返る」ことができ、そこが今までの「連絡帳」とは大きく違うところだと考えている。「連絡帳」の目的は、「明日の予定や持ち物を書いて、忘れ物をなくす」ことだが、この「手帳」の目的は、前述したように「生徒のタイムマネジメント力の向上や自己管理能力の育成」にある。

特に、家庭学習ができない、家庭学習の習慣が身に付いていない子どもは、学習計画を手帳に記入し、それを実行するクセを付けることから始めなければならない。そのためには、教師は、常日頃からそうした子どもたちの手帳に気を配り、日々の「振り返り」を疎かにしない指導を心掛けていかなければならない。

まだ、始めて間もない取り組みではあるが、毎日、毎週、PDCAを回すことで、子どもたちのタイムマネジメント力は確実に向上するものと期待している。タイムマネジメント力とは、言わば「時間管理能力」である。大人でも自分の時間管理というのは難しく、まして、中学生にとって自分で時間管理をし、良い生活習慣を身に付けていくことは容易なことではない。しかし、今の忙しい中学生にとって、限られた時間内でやらなければならないことをどのように進めていけばよいかといった「時間管理能力」は、これからの社会が求める人材として、必ず身に付けていなければならない力であると考えている。

この「Smile手帳」の名付け親は中学生である。この手帳を新年度から導入するに当たり、3学期に生徒会役員に校長室に来てもらい、手帳導入の意義を説明し、「君たちの力で、この手帳に嶺北中学校らしい素敵な名前を付けてくれませんか」とお願いしたところ、生徒会が考え、名前をつけてくれたものである。「Smile」の由来は、「毎日頑張って勉強を続けたら、自分たちの未来は明るいものになり、みんなが笑顔になるから」というものだった。そして、併せて、この「Smile手帳」のコンセプトについても発案してほしいと依頼したところ、快く引き受けてくれ、次の図にある素晴らしいコンセプトを考えてくれた。

Smile☺手帳 コンセプト（構想）

- **S**uccess　成功（夢の実現）のために
- **m**ore　　もっと多くの時間をかけて
- **i**mportant　自分にとって**大切な**
- **l**earning　学びを
- **e**veryday　毎日続けよう

　そして、ここまで考えてくれたのだから、4月には生徒会が全校生徒の前で、この手帳の意義や名前の由来等を説明してほしいとお願いし、4月の始業式後の生徒会のプレゼンテーションを経て、この取り組みがスタートすることとなった。生徒会のプレゼンテーションを聞いている生徒の表情を見ていると、生徒会から説明されたことで、概ね肯定的に受け入れてもらえたようである。教員から下せば、生徒にとっては「やらされる」取り組みになるのだが、生徒に役割を任せ、生徒の言葉で伝えたことで、「自分たちでやる」という生徒主体の取り組みに変わっていった。

　これを「嶺北中学校マンダラート」に当てはめると、まさに生徒の「主体性」と言える。「生徒に役割を与え」「生徒に任せ、決めさせた」ことが、「生徒の内発的な動機」へとつながったのだろう。

　生徒に任せること、生徒を信頼して取り組ませることの大切さを改めて実感するとともに、嶺北中学校の生徒の底力を見せつけられた、そんな瞬間でもあった。

生徒に任せ、決めさせる	役割を与える	スモール・ステップの成功体験
探究的課題の工夫	**主体性**	内発的動機付け
目標・ゴールの明確化	授業での「振り返り」の工夫	夢・志進路意識

タブレットの活用

ALTの両親への学校紹介

4 「学力向上」へのカリキュラム・マネジメント

【生徒の Smile 手帳】

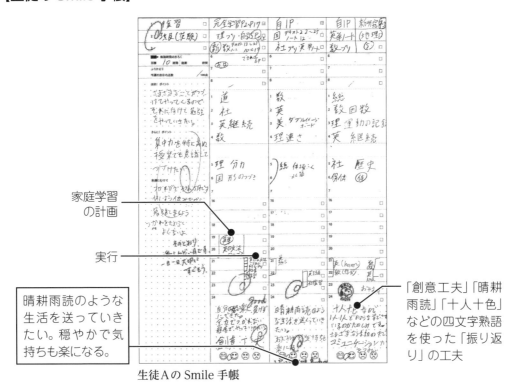

生徒 A の Smile 手帳

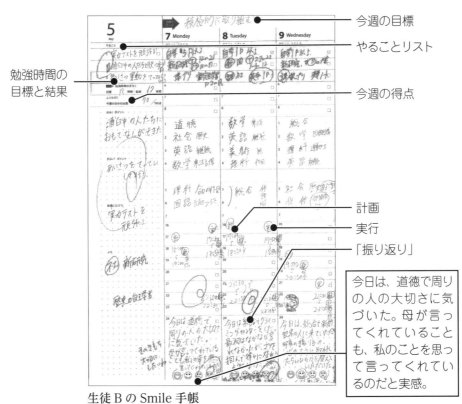

生徒 B の Smile 手帳

第３章　「学校経営マンダラート」からみる嶺北中学校の実践

5　生徒の変容──学力向上への手ごたえ

　本校では、毎年４月に標準学力調査（東京書籍）を実施している。次のグラフ１は、平成24〜27年に入学してきた生徒（同一集団）の１年と３年の４月時点での学力（標準偏差値）の変遷、伸び率を見たものである。また、グラフ２は、全国学力・学習状況調査の国・数のＡ・Ｂを平均化し、全国との差を見たものである。

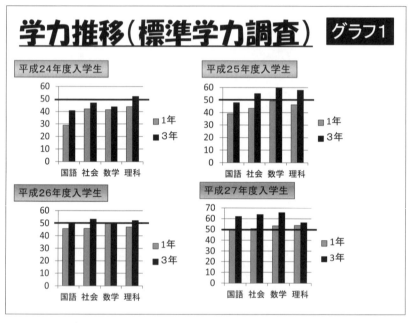

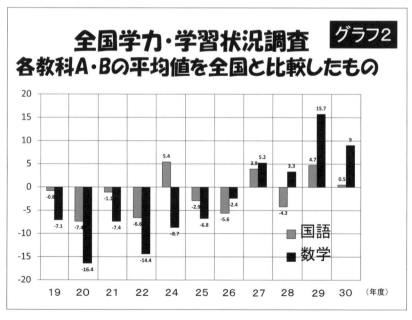

4 「学力向上」へのカリキュラム・マネジメント

　学力向上に向けて、「嶺中八策」を中心としたハード面・ソフト面からの条件整備、「嶺北スタンダード」や「探究的な学びの構想を可視化する授業プラン」のようなフレームワークを活用したアクティブ・ラーニング型への授業改革、「授業アンケート」による教員の意識改革等により、どの学年も確実に生徒の学力は伸びてきた。

　グラフ1では、1年から3年への学年進行の過程で、全教科で確実に数値を伸ばしていることがわかる。また、グラフ2からは、当初は全国平均を大きく下回っていたが、最近では全国との差を縮め、全国平均を越すところまで上昇してきたことが読み取れる。また、下のグラフ3は、過去3年間の1学期末に行った「授業アンケート」から授業の変容を見たものである。「思考を深めたり広めたりする場の設定」や「発表し、友達と協力して課題を解決する場の設定」という項目では、90％を超すところまで上昇しており、授業改善が図られていることがわかる。これは、指導案の中に、「思考する場面」「話し合う場面」「表現する場面」を必ず入れるよう学校で統一したこと、毎学期に授業アンケートの分析を行い、課題改善に向けて全校で取り組んだ結果と言えよう。「教え」から「学び」への「アクティブ・ラーニングの視点による授業改善」の取り組みが、教員の意識に浸透してきた証である。

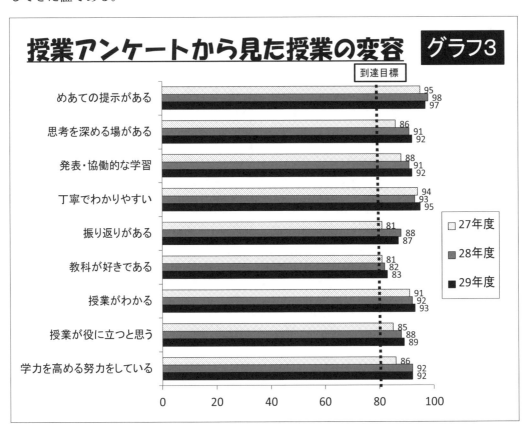

5 「表現力育成」へのカリキュラム・マネジメント
総合的な学習の時間を中核とした「さくらプロジェクト」の創造

● POINT
- 「総合的な学習の時間」と「特別活動」は目的が違う。
- 計画的に「つなぐ」「関連させる」「発展させていく」ことが大切。
- キーワードは「つなぐ」～ 人、地域、社会、学校、学年、教科、意識、時間
- 成功への鍵は、「魅力ある学習課題」を設定することにある。
- 一過性ではなく、「学校文化」へと根付かせよう。
   ～ 桜のつぼみが3年間かけて咲きほこる。
- 「カリマネ表」は創るものではなく、使ってナンボ。
- PDCAサイクルを「CAP→D」で回そう。

1 総合的な学習の時間の再構築

本校に赴任してきた際、前任者に「本校の総合的な学習の時間はどんなテーマで、どんな活動を行っていますか?」と尋ねたことがある。すると、「総合は各学年の主体性に任せてあるので、学校として決まったものはない」と、私の予想に反する答えが返ってきたことを今でも鮮明に覚えている。総合的な学習の時間が導入され20年近く経つのだが、中学校現場では、いまだに総合・学活・道徳の区別が十分になされ

さくらプロジェクトの充実	総合的な学習の時間の充実	表現力アンケートによる検証・評価
MIRAIノートの充実	表現力 (さくらプロジェクト)	表現(発表)する場の設定
語彙力の向上 (朝読書)	多様な表現方法の体験	「話す」ではなく「伝える」意識

ず、学年任せの自由裁量的、体験学習中心の時間でお茶を濁している現実がある。計画的に各領域等の目標に沿って正しく実施している学校の先生にとっては失礼な発言になったかもしれないが、私の知っている限り、こうした実態が多くあることは否めない。総合的な学習の時間のねらいとして一番に示されている「各学校において」取り組むという一番大事な視点が欠落しているのである。

私が着任する前の本校の総合的な学習の時間の年間計画を見ると、1年と3年で「田植えや収穫といった勤労生産学習」、2年と3年の2学年でそれぞれ5日間、合計10日間の「職場体験活動」、2年生で「修学旅行の事前・事後学習」と、そのほとんどの時間が学級活動に類する活動やその活動準備に当てられていた。私は、こうした活動をすべて否定しているのではない。それぞれの活動には、素晴らしい教育効果も期待できる。しか

し、それぞれの活動は単発・単独に行われており、計画的に「つなぐ」「関連させていく」「発展させていく」といった「カリキュラム・マネジメント」の視点が抜け落ちているのである。

また、「地域」という名のもと、地域で行う教育活動のすべてが総合的な学習の時間にカウントされている。例えば、「地域」の川でカヌーに乗るのも、「地域」の川で行うから「総合」、「地域」の山に登るのも、「地域」の山だから「総合」という調子である。「カヌー」や「登山」といった活動を、絶対に「総合」にしてはいけないと言っているのではない。しかし、その活動が終わった後の生徒の感想文を見ると、「協力できた」「学級の絆が深まった」「カヌーは楽しかった」といった特別活動的な感想しか書かれていないのである。「特別活動」なのか「総合的な学習の時間」なのか、目的をはっきりさせることが必要だと言っているのである。また、小学校の「総合」の時間の内容を知らずに計画を立てることで、内容が重複しているなど、小・中の発展性やストーリー性も見られない。

職場体験活動も然りである。毎日、すべての職場に挨拶がてら行ってみたのだが、この職場体験活動で「真の勤労観・職業観」が身に付くのだろうかと疑いたくなる場面に遭遇することが多かった。職場体験活動については、職場任せの「無目的な職場体験活動」になっていないか、きちんと評価し、今一度見直してみる必要があるのではないだろうか。

こうした活動をすべて新しいものに転換していくとなると、教員にとって相当のエネルギーが必要になってくる。そこで、今まで行ってきた教育活動を、系統的・発展的に整理する観点から、内容面や組織面も含め、本校の教育計画全体を見直すこととした。

「総合的な学習の時間」の再構築

課題
- 各学年が毎年毎年、独自に計画を立てている。
  （例：毎年稲作体験、2年連続5日間の職場体験　等）
- 小学校の「総合的な学習の時間」の内容を知らない。
- 「地域」という名のもとにすべての活動が行われている。
- 職場体験活動が価値ある体験活動になっていない。
- 「総合的な学習の時間」のねらいが不明確である。
- 活動と活動のつながりがなく、単発に行われている。

視点
- 学校の現状をもとに、課題克服のためのねらいを設定する。
- 各学年の系統性・発展性を考える（ストーリーを作る）。
- 小学校との連続性・発展性を考える。
- 各教科・道徳・特別活動とのつながり、関連性を考える。
- 嶺北中学校としての特色を打ち出す。

第3章 「学校経営マンダラート」からみる嶺北中学校の実践

平成30年度 本山町立嶺北中学校
総合的な学習の時間 全体計画

【学校教育目標】　社会人基礎力の育成　→　【重点目標】　学力の向上と表現力の育成

【生徒の実態】
○何事にも真面目に一生懸命取り組むことができる。
○集団としては落ち着いている。
○集団の固定化により，受動的で依存傾向が強い面が見られる。

【嶺北ACT】→目指す生徒像
Action（行動する力）　　Collaboration（協働する力）　　Thinking（考える力）
・主体性　　　　　　　　・コミュニケーション力　　　　・課題発見力
・向上心　　　　　　　　・協調性　　　　　　　　　　　・創造力
・実行力　　　　　　　　・責任感　　　　　　　　　　　・探究力

【保護者・地域の願い】
○学力や表現力の向上
○豊かな心の育成
○郷土愛の醸成

【地域の実態】
○様々な活動において，学校に協力的である。
○「日本で最も美しい村」連合に加盟するなど，周囲の景観や環境に優れている。
○山間部に位置し，高齢化，過疎化が深刻な問題となっている。

【総合的な学習の時間の目標】
探究的な学習の過程をスパイラルに設定することで，生徒の「表現力」や「探究力」の育成を目指す。
【知識・技能】探究課題の解決に必要な知識及び技能を身に付ける。
【思考力・判断力・表現力等】探究課題の解決に必要な知識及び技能を身に付ける。地域についての探究課題の解決を通して「自分ごと」としての課題を見いだし，情報を集め，整理・分析して，まとめ・表現できるようにする。
【学びに向かう力・人間性等】地域についての探究的な学習に主体的・協働的に取り組み，自ら社会に参画しようとする態度を育てる。

【外部人材の活用】
「プロフェッショナル講座」
様々な分野の専門家から直接話を聞き，進路や生き方についての学びを深め，考え方や視野を広げることでスキルアップを図る。

【内容】＜目標を実現するにふさわしい探究課題の解決を通して育成を目指す具体的な資質・能力＞→「社会に出て生きて働く資質・能力」

学年		第1学年（50時間）	第2学年（70時間）	第3学年（70時間）
テーマ		本山町理解	本山町再発見	本山町未来構想
探究課題		本山町の歴史や文化について理解を深めるとともに，本山町にかかわる創作劇を作成する。	本山町の魅力について情報発信するとともに，修学旅行を通して異文化理解を深める。	本山町の地場産品とその生産・流通について学ぶことで，本山町の未来について考える。
探究課題の解決を通して育成を目指す具体的な資質・能力	知識及び技能	・本山町の歴史や文化等について理解している。 ・本山町の歴史や文化等と自分とのかかわりについて理解している。 ・情報を比較，分類，関連付けて考えるなど，探究スキルを身に付けている。	・本山町の魅力について理解している。 ・本山町と浦戸町とのつながりについて理解している。 ・多面的，多角的なものの見方を知り，探究の過程に応じた探究スキルを身に付けている。	・地場産品やその生産，流通にかかわる人々の思いや願いを理解している。 ・地域と自分とのかかわりを「自分ごと」として捉え，地域の将来について考えている。 ・情報を構造化・抽象化することで探究の過程に応じた探究スキルを身に付けている。
	思考力，判断力，表現力等 課題の設定	・自分たちを取り巻く社会に広く目を向けて，活動の意義や目的を明確にしたりして課題を見出している。 ・解決の方法や手順を考え，見通しをもって計画を立てている。		
	情報の収集	・目的に応じて手段を選択し，情報を収集し，適切な方法で情報を蓄積している。 ・他者の意見や課題解決の方向性から，必要な情報を取捨選択している。		
	整理・分析	・問題状況における事実や関係を把握し，分類して多様な情報にある特徴を見付けている。 ・事象や考えを比較したり因果関係を推論したりして考え，視点を定めて多様な情報を分析している。		
	まとめ・表現	・調べたり考えたりしたことをまとめ，相手や目的，意図に応じて論理的に表現している。 ・国語科や外国語科等で身に付けた技能を活用して表現している。		
	振り返り	・学習の仕方や進め方を振り返り，学習や生活に生かそうとしている。 ・振り返りの観点を自己設定して活動を振り返り，次の活動に生かそうとしている。		
	学びに向かう力，人間性等 主体性	・自分の意思で目標をもって課題の解決に向けた探究活動に取り組もうとしている。		
	実行力	・目的を設定し，計画的に粘り強く探究活動に取り組んでいる。		
	向上心	・現状に満足せず，より高いもの（一流）を目指して探究活動に取り組んでいる。		
	コミュニケーション力	・相手の意図を理解し，相手に理解してもらえるように，自分の意見や思いをわかりやすく伝えようとしている。		
	協調性	・自他のよさを生かしながら協力して問題の解決に向けた探究活動に取り組もうとしている。		
	責任感	・約束やルールを守り，チームの一員として，責任を持って自分の役割を果たそうとしている。		
	課題発見力	・現状を分析し，目的や課題を明らかにしている。		
	創造力	・既存の発想にとらわれず，新しい解決方法や新しい価値を生み出そうとしている。		
	探究力	・必要な情報を収集・整理・分析し，課題を解決しようとしている。		

【学習活動】	【指導方法】	【指導体制】	【学習評価】
・地域の実態，生徒の実態を踏まえ，適切な探究課題を設定する。 ・地域の人的資源・物的資源を生かした学習活動を行う。 ・学習の成果を表現する場として，「さくらプロジェクト発表会」を設定し，1年間の学びのゴールとする。 ・年間1テーマでの取組を基本とする。	・生徒の課題意識を連続，発展させる支援と工夫を行う。 ・体験活動やICT活用を重視する。 ・各教科等との関連を重視した教科横断的な指導を心掛ける。 ・言語により整理分析したり，まとめたり，表現したりする学習を重視する。 ・協働的な学習を充実させるため，思考ツールを積極的に活用する。	・全校指導体制を整備し，各学年間のつながりを意識する。 ・運営委員会における校内の連絡調整と指導体制を確立する。 ・地域の教育資源をデータ化し蓄積するとともに，日常的に関わりをもつ。 ・小中の関連，接続を意識する。	・観点別学習状況を把握するための評価規準を設定する。 ・個人内評価，個人の伸びを重視する。 ・指導と評価の一体化を充実する。 ・授業分析による学習プロセスの評価を重視する。 ・PDCAサイクルを意識し，学期末や学年末には指導計画を定期的に評価・改善し，次年度の計画に生かす。

【各教科等との関連】

各教科等	道徳教育	特別活動
・学ぶ意欲と表現する力の向上に努める ・探究的な学びのサイクルを活用する。 ・協働的・対話的な学習場面を設定する。 ・深い学びのある授業の創造に努める。 ・知識及び技能の確実な習得と活用に努める。	・思いやりや感謝の気持ちを涵養する。 ・現状に満足せず，個性を伸ばして充実した生き方を追究する態度を育てる。 ・郷土に対する認識を深め，郷土を愛し，進んで郷土の発展に努めようとする態度を育てる。	・集団活動に自主的，実践的に取り組み，互いのよさや可能性を発揮しながら，集団や自己の生活上の課題を解決する力を育てる。 ・合意形成や意思決定できる力を育てる。 ・役割を分担し，協力して実践する力を育てる。

5 「表現力育成」へのカリキュラム・マネジメント

2 「つなぐ」がキーワード

　教育活動を、系統的・発展的に整理し、教育計画全体を見直すためには、活動と活動を「つなぐ」、小・中学校を「つなぐ」、教科や領域と「つなぐ」、生徒と地域・社会を「つなぐ」、学校と地域・社会を「つなぐ」、学年と学年を「つなぐ」、といった「つなぐ」がキーワードとなってくる。

(1) 本山町キャリア教育スローガンの設定（小学校・中学校を「つなぐ」）

　総合的な学習の時間における内容の重複を避け、小中の連続性、発展性を図るために、「本山町キャリア教育推進委員会」「本山町連携教育推進委員会」という組織を中心に、小学校・中学校を「つなぐ」という視点で、小学校は「自立」、中学校は「共生」というキャリア教育スローガンを掲げ、町全体で取り組んでいる。

(2) 体験活動の見直し（活動と活動を「つなぐ」）

　本校では、「表現力」育成のため、総合的な学習の時間や特別活動を核とした「さくらプロジェクト」を展開している。学年間のつながりを考え、右の図にある総合的な学習の時間のグランドデザインを構想している。

◆さくらプロジェクトとは？
　さくらプロジェクトとは、総合的な学習の時間や特別活動を核として、全教育活動を通して「表現力」を育成していくため、「課題の設定→情報の収集→整理・分析→まとめ・表現」といった探究的な学習が発展的に繰り返されていく一連の教育活動のことです。学年間のつながりを考慮し、「自ら課題を探究し、解決する力」「調べたり、まとめたり、発表したりする力」「他者と協働しながら、新しい価値を生み出す力」等を育成していきます。
（※本校パンフレット2018より抜粋）

①第1学年→人と人を「つなぐ」
　中1ギャップ等の問題もあることから、仲間づくり合宿としての「コミュニケーションキャンプ」や地域に根ざした活動、保護者、地域の高齢者や障害者など、身近な人と関わ

る体験活動を中心に据え探究活動を行う。新聞にまとめたり劇を創作したりする学習を通して、探究の基礎的・基本的なスキルを身に付ける。

②第２学年→学校と地域を「つなぐ」

浦臼中学校との姉妹校協定式

本山町との友好町である北海道の浦臼中学校との学校交流を中心に、本山町や嶺北地域の良さを浦臼中学校の生徒に伝える学習、北海道修学旅行における個人課題の探究、町役場における町長や幹部職員への修学旅行報告会など、自ら情報を集め、整理・分析し、成果を発表するという「探究的な学び」をスパイラルに展開していくことで、表現力や自己肯定感を高めていく。

③第３学年→学校と社会を「つなぐ」

地元を離れ、３年生全員が高知市の量販店での販売実習を行う。本山町の商品を量販店に売り込む（セールス）活動、知らない人への接客、ポップ作り、仕入れから販売までの経済や流通に関わる学習等を通して、地域人としての誇りをはぐくみ、情報活用能力やコミュニケーション力など、「社会人基礎力」の更なる伸長を図る。

④発展性・系統性→学年と学年を「つなぐ」

学年間の発展性・系統性を考え、中１では、勤労体験等を中心とした「勤労観」の育成、中３では、社会や職業に目を向けた「職業観」の育成に重点を置き、「勤労観」から「職業観」へと段階的に視野を拡げていくよう工夫した。

⑤教科横断的な学び→教科と教科、教科と領域を「つなぐ」

カリキュラム・マネジメントの三つの側面の一つ目に「各教科等の教育内容を相互の関係で捉え、学校の教育目標を踏まえた<u>教科横断的な視点</u>で、その目標の達成に必要な<u>教育の内容を組織的に配列していくこと</u>」（下線部筆者）が示された。これは、学校全体で教科の枠を超えて、独自に各教科のカリキュラムを作成していく必要性があることを意味している。

学校では、教科書に掲載された順に、出版社が示した指導時数に沿って、年間のカリキュラムを作成することが多いのだが、学習指導要領には、学ぶ内容と年間の総授業時数が示されているだけで、「いつ、何を何時間扱いで指導しなければならない」ということまでは規定されていない。教科書に縛られるのではなく、学校の実態や教育目標に応じて、各教科の学習内容を編成することが重要なのである。

そこで、本校では、学校教育目標の実現に向けて、次頁のカリマネ表を作成し、カリキュラム・マネジメントの充実・推進に努めている。

三つの側面として、さらに、「教育内容の質の向上に向けて、子供たちの姿や地域の現状等に関する調査や各種データ等に基づき、<u>教育課程を編成し、実施し、評価して改善を図る一連のPDCAサイクルを確立すること</u>」「<u>教育内容と、教育活動に必要な人的・物</u>

5 「表現力育成」へのカリキュラム・マネジメント

第3章 「学校経営マンダラート」からみる嶺北中学校の実践

的資源等を、地域等の外部の資源も含めて活用しながら効果的に組み合わせること」(下線部筆者)とあることから、本校では、「カリマネ表」を使って、毎学期ごとに教育課程の評価・改善に努めている。また、本校の、「カリマネ表」は、①上部に「学校教育目標」や「育成したい資質・能力」「学級目標」を示していること、②さくらプロジェクト(総合的な学習の時間や特別活動)を中核に据え、教科等との関連を図っていること、③嶺北ACT(育成したい資質・能力)を意識し、関連する項目を3色に分類し示したこと、③地域等の人的・物的資源の活用については☆印で示したこと、に特徴がある。

「カリマネ表」を、作ることが目的ではない。「組織としてカリキュラムを創り、動かし、変えていく」ことが必要なのである。

下の図は、2017(平成29)年度末に行った校内研修後に作成された「カリマネ表」である。「教科」と「総合的な学習の時間」の学習内容との関連を破線の矢印で、「教科」と「教科」の関連を実線の矢印で結ぶことで、効果的な教育課程の在り方について検討を行ったものである。

2018(平成30)年度は、一部が新教育課程になったこともあり、教職員が「カリキュラムを創り、動かし、変えていく営み」を体験できる絶好のチャンスの年と言えた。そこで、4月3日・4日と2日間かけて、「総合的な学習の時間」「道徳」「特別活動(学級活動)」のカリキュラムを、新教育課程に即して、教職員全員で一から「創る」ことからスタートした。これらについては、教科書がないことから、作り甲斐のある作業であった。そして、1学期(4月〜7月)間、創ったカリキュラムを「動かし」、7月23日には、

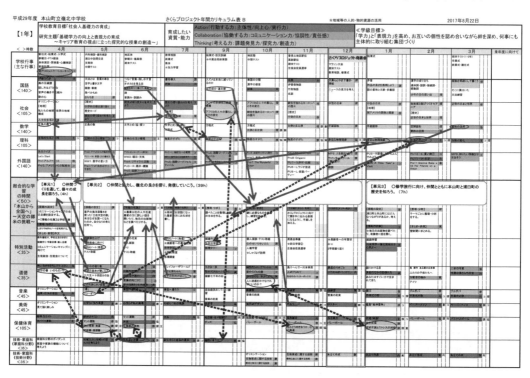

5 「表現力育成」へのカリキュラム・マネジメント

大阪教育大学の田村知子教授を講師にお招きし、そのカリキュラムを2学期に向けて「変えていく」ために、「公開校内研修会」を開催した。

次に、公開校内研修会で「カリマネ表の見直し」「学級のカリマネシートの作成」を行った本校の教職員から出てきた意見について紹介する。学年ごとのグループ協議で出された意見からは、「教科横断的な学び」や「PDCAサイクルの活用」「地域等の人的・物的資源等の活用」といったカリキュラム・マネジメントの3側面についての記述が随所に見られ、カリキュラム・マネジメントについての理解が深まっていることが感じ取れる。

[カリマネ表の見直し]

【1年】

総合的な学習の時間を中心に見直した。三つのサイクルで回しており、1サイクル目の宿泊学習である「コミュニケーションキャンプ」を総合的な学習の中心にしていたが、特別活動的な目標が多くなってしまった。2サイクル目で地域の偉人であり作家としても有名な大原富枝さんについて調べるので、1サイクル目でもう少し地域についての学習を入れて調べておけば、総合的な学習の時間の学びにつなげることができる。総合的な学習の目標なのか、特別活動の目標なのかをはっきりさせる必要がある。道徳についても4月の段階で郷土について学ぶ内容を入れておけば、総合的な学習とつなげることができる。1学期の総合的な学習は情報収拾で終わっていたので、2学期は「振り返り」からスタートし、大原富枝さんについての創作劇につなげていきたい。

【2年】

2年間の総合的な学習を軸に他教科の年間カリキュラムの配列の見直しを行った。10月の修学旅行で、浦臼中学校との交流会において本山町の良いところを伝えるために、地域の良さをアピールする動画やプレゼンを作ってきた。取材をしてプレゼンにまとめる学習を24時間で計画していたが、調べ、深めて、わかりやすくまとめることに時間がかかり過ぎてしまい計画どおりにはいかなかった。そのため、北海道修学旅行の事前学習の時間が足りない状態になっている。学習が深まっているかということについては少し疑問が残っており、他の教科で補填しながら学習していかないと難しいと感じている。1学期には、「道徳」では、ふるさと教材を使って郷土愛を深めていく。「音楽」では、修学旅行先で見るミュージカルについて学習しておく。「体育」では、プロ野球を見にいくので、事前にソフトボールをやってルールについて学習しておく。「理科」では、旭山動物園について動物の生態について学習しておく。「家庭科」で郷土料理を作る。「英語」では、北海道で外国人の方と一緒に写真を撮ったりインタビューしたりするので、英語でどのような風にインタビューしたらいいか事前に台本を作る、とか他教科と絡めれば効率的に学習を深めることができる。今年度うまくいかなかったことは来年度に課題として引き継ぎたい。総合的な学習では、2年生の最初に負荷が大きいから、1年の3学期で何かできないだろうか。

【3年】

2年から引き続きのメンバーが3人残った。修学旅行に行ったことを踏まえて、3年の計画を立てることができたのが大きな成果だった。「道徳」と絡めて振り返りを行ったこともよかった。2年生の時の修学旅行では、北海道で200人アンケートを行い、高知県の認

知度について調査した。これについては、まだまだ認知度が低いということを知り、課題意識が高まった。1学期に、この課題意識とサニーマート販売とを絡め学習をしていたら、もっと学習が深まっていたように思う。1学期の総合的な学習の大きな成果としては、本山に住んでいる生徒ですら知らない特産物に触れ、実物を見て、実際に手にとって食べてみたことである。このことで郷土に対する愛着が深まり、誇りを持てたことで、「どうやって売ればよいか？」という課題意識が高まった。地域の方々で結成している本山桜援隊（おうえんたい）にも随分助けていただいた。地域の方にお世話になったことで、地域に貢献しようという意欲も高まっていった。昨年度は、修学旅行で浦臼中学校を訪問し、お互いの郷土料理作りを行い、交流を深めた。その縁もあり、今年度は、北海道からジャガイモの苗を送ってもらい育ててきたが、今年の悪天候で全滅してしまった。再度挑戦してみたい。総合的な学習については、学校として整理されたカリキュラムができているので、学年を超えて話し合うことができるので、内容も毎年毎年より良いものへと深まっていっているように思う。「道徳」では、「高知の道徳」など現状に即した教材も多く、教科書が採択されても、今の内容項目をベースにしながらカリキュラムを考えていきたい。また、今年は中学最終年度の3年生なので、特別活動では進路に力を入れていきたい。特別活動についても、年度当初に活動を整理できたことはよかった。年度末には、3年間を踏まえた振り返りを行い、また次につなげていきたい。

［学級のカリマネシートの作成］

【1年】

学校教育目標への理解を子どもたちの実態から考えてみた。真面目だが受け身の生徒が多く、主体性に乏しく、リーダーとしての経験が少ない生徒が多い。また、学級文化としては、安心して過ごせる雰囲気を持っている。そこで、それぞれの個性を認め合う集団作りを目指した学級目標を設定した。学力向上については、Smile手帳を使って中間・期末テストに向けて計画（P）を立て、家庭学習（D）へとつなげていった。テスト期間中は学習時間も増えて効果があったが、テストの後の振り返り（C）の時間が十分確保できなかったために、テストが終わってしまうと、生活が緩んでしまい、ゲームなど遊びに充てる時間が増えてしまった。集団作りの反省としては、「P」の段階で個人目標を可視化し、目標達成に努めてきたが、リーダーを育成するための活躍の場面を十分設定できていなかったことである。2学期に向けて、夏季休業中に、帰りの会などで班長を有効に使えるシステム作りを行い、リーダーの育成の準備に努めたい。3年生を参考にしたい。

【2年】

学校教育目標からPDCAサイクルの中身を考えていった。学級の大きな課題としては、宿題などの提出物がきちんと出せない生徒が多いという実態があるので、現在、Smile手帳（スケジュール）を使ってタイムマネジメント力の育成、宿題の提出率の改善に努めている。即効性のある方策については模索中だが、このシートを使って学級の実態を分析していくことで、具体的な方策を考えていく筋道が少しずつ見えてきた。「C」で、提出できない生徒の要因をしっかり分析し、学力の定着が不十分な生徒のSmile手帳を毎日しっかりチェックすることで、取り組みの成果の向上を図りたい。

5 「表現力育成」へのカリキュラム・マネジメント

【3年】
　3年間見てきた学年なので、カリマネシートでは、「C」の評価に着目して話し合いを行った。今、嶺北中学校では、学校文化、学級文化、様々な取り組みが文化として定着してきているように感じている。評価では、特に、MIRAIノートと学級目標との関連性を強化していきたい。子どもの言葉を大切にし、子どもたち同士で評価し合いながら、MIRAIノートの取組をさらに充実させていきたい。毎日の帰りの会で、日直評価、MVP、次に向けての課題など、自分たちで客観的に評価できる力が付いてきている。具体的には、人の頑張りに「頑張ったね」と言える生徒が増えてきて、温かい心が育ってきたように感じている。子ども同士で声を掛け合い、子ども同士の良好な関係が築けている。批判することより、励ますことができるようになってきた。また、教室の環境整備についても、教員が言わなくても自分たちで管理できるようになってきた。こうしたことが当たり前にできるよう、学校や学級の良い文化として育てていきたい。家庭地域との連携としては、教育行政機関との連携、SC、SSWとの連携強化を図りたい。

　次に、研修会に参加してくれた方から寄せられた声を一部紹介する。研修については、概ね高い評価をいただいたように感じている。

- カリマネを難しく考えすぎず、戦略として取り組んでいくことの必要性を感じた。カリマネを子どもと共有することについても、ぜひ取り組んでいきたい。（県内小学校教諭）
- カリキュラム・マネジメントの重要性を改めて学んだ。4月の慌ただしい中で大まかに計画は立てられても、具体的な計画を立て、実践することは難しい。しかし、前年度のカリマネ表を変えていくことで、それは可能であることがわかった。見通しが持てれば、子どもの実態に沿ったカリキュラム編成が可能になってくる。子どもの学びのマネジメントになっているか、常に振り返っていきたい。（県内小学校教諭）
- 今まで「カリマネ表」については、個人で見直すことはしてきたが、今日のように学年全員で見直すことの有用性を感じた。（県内中学校教諭）
- グループでの話し合いの中で、他教科での学びや単元の順番などについての意見が出されていた。カリマネ表を使うことで、学年全体の学びが把握できると感じた。また、他の学年との関連についても意見が出されていた。本校では、この部分がまだまだ弱い部分である。（県内中学校教頭）
- カリキュラム・マネジメントと聞いても、今までぼんやりとしたイメージしかなかったが、今日の研修で頭の中がすっきりとまとまった。目標から手段を考え、全体で共有すること。明確な目標や計画があれば、みんなが同じベクトルで動いていくことができるということを改めて理解した。（県内中学校教諭）
- このような公開校内研修を初めて見た。貴校の教員の数より参加者が多いことにも驚かされた。参加者も勉強になったが、一番勉強になったのは貴校の教員であり、自信にもつながったことだろう。カリマネシートも大変参考になった。（県内指導主事）
- 主体的・対話的で深い学びのある研修を提案いただきありがたかった。こうした取り組みが多くの学校に広まることを期待している。先生たちの「カリマネ会議」を見せていただき、学校の目指す方向性が共有できていることが伝わってきた。（県内指導主事）

○カリキュラム・マネジメントはみんなでやることが効果的で価値があると感じた。今まで「紙(カミ)キュラム」のように感じていたが、今後は生きた「カリキュラム」にしていこうと思う。嶺北中学校の先生方の研修する姿が素敵だった。(県内指導主事)

○先生方がカリマネ表を使って、良い雰囲気の中、より良いものへとカリキュラムを修正・改善を重ねていく様子を実際に見ることができたことが一番の収穫だった。研修方法についても、大変勉強になった。「嶺北中学校から学びたい」という目的をもって参加された先生方が多く、他校の先生方と話すことで、他校の様々な課題も知ることができた。田村先生が言われた「子どもの学びのマネジメント。そのためにいろいろなものをつないでいきましょう！」という言葉が印象的だった。(県内指導主事)

○校内研修を動かし機能あるものにしていくには、校長や研究主任等がそれぞれの立場で、自分がリーダーとなって行動していくことだと感じた。カリキュラム・マネジメントは一部の教員や管理職だけでできるものではない。嶺北中の先生方の研修されている様子や発表内容のレベルの高さから、嶺北中学校の教員のこれまでの学びの深さに驚かされた。(県内指導主事)

○1学期の振り返りをしながら次年度のカリマネまで見据えている点や、昨年度の取り組みの反省に立ってカリマネ表を作っていることなど、「過去・現在・未来の学び」がつながっていることを感じた。カリマネ表を見直すことで、目指す子ども像がより具体化され、イメージの共有が図れると思った。嶺北中の先生方の間に自分の考えや意見を自由に言い合える雰囲気があり、素敵だなと感じた。(県内指導主事)

○「創り、動かし、変えていく」組織文化が嶺北中学校には築かれていると感じた。先生方が研修に主体的に臨んでいる態度も素晴らしいと感じた。(県内指導主事)

○1学期の振り返りと2学期へ向けての計画では、先生方の熱心な協議に驚きと感動を覚えた。みんなで創った「カリマネ表」だからこそ、今日の研修の姿があるのだと思い、改めてカリキュラムを「みんなで創る」ことの重要性を感じた。また、「チーム嶺北」が構築されていることで、すべての教育実践につながっていて素晴らしい。今日はカリマネについて勉強しに来たのだが、先生方の校内研修の様子を見て、カリマネの一番大切な部分は、教員間のコミュニケーションであり、情報共有を図りながら、授業や学校の様々な取り組みをつなげることだと実感した。(県内指導主事)

○先進的に公開研修を行うこと自体が素晴らしいが、それ以上に先生方の自信にあふれている様子、自信を付けている様子をうかがい知ることができた。これだけできるのであれば、今後は、お互いの成果物を持ち寄って話し合うとか、2部構成にして、「学年の話し合い」と、「学年をミックスした話し合い」も可能だと思うので、嶺北中学校にはさらに高みを目指してもらいたい。今日の研修で、嶺北中学校の「教員を巻き込んでいく仕掛け」と「パワー」を感じた。教員同士が、連携・協力しないといけない、した方がいいと実感しているからこそ、今日のような研修ができるのだろう。(県外大学教員)

5 「表現力育成」へのカリキュラム・マネジメント

田村知子教授の講演

カリキュラムを「変えていく」営み

⑥ 「プロフェッショナル講座」プロの技に学ぶ！→生徒と地域・社会を「つなぐ」

新学習指導要領では、カリキュラム・マネジメントについて、「教育課程の実施に必要な人的又は物的な体制を確保する」と、人的・物的資源を有効に活用することが強調されている。

本校は、学校が都市部から離れているため、生徒は身近に様々な職業人と出会う機会がほとんどない。そこで、本校では、「『プロフェッショナル講座』プロの技に学ぶ！」と称して、外部人材の積極的な活用を図り、学習効果の向上に努めている。

東京の新国立劇場合唱団によるオペラ体験、元サッカー選手や元プロ野球選手による特別授業トップアスリート「夢先生」、地元高知新聞の記者による特別授業「取材の仕方と効果的な写真の撮り方」、地元テレビ局のプロデューサーによる「動画編集とCM作り」、元全日空キャビンアテンダントによる「マナー講座」など多くの講座を開講し、生徒の学びと社会をつなぐことを意識している。

「マナー講座」

「動画編集とCM作り」

⑦ 校長講話と情報発信→学校と地域・社会を「つなぐ」、生徒の意識へ「つなぐ」

始業式、終業式などにおける校長講話では、キャリア教育の観点から、人間としての「生き方」につながる内容を必ず取り入れるよう心掛けている。例えば、ノーベル生理学・医学賞を受賞した山中伸弥教授の「VW（Vision & Hard Work）のすすめ」、仏教詩人として有名な坂村真民さんの「タンポポ魂」、小説家の井上靖さんの「努力する人は

希望を語り、怠ける人は不満を語る」などの話題を取り上げ、その内容を学校便りやホームページに掲載し、地域住民や保護者等に情報発信している。また、話した内容が一過性のものにならないよう、格言や名言などは、常に廊下等に掲示し、生徒の意識に浸透させるよう工夫している。

名言等の校内掲示

「VW（フォルクスワーゲン）のすすめ」（2012年　2学期終業式）

　今年も残すところあと7日になりました。皆さんにとってこの一年はどういう一年だったでしょうか？

　私にとっては、校長になり、初めて嶺北中学校の生徒や保護者の皆さんと出会い、無我夢中で学校経営に取り組みながらの、あっという間の一年だったような気がします。

　今日は、2学期の終業式に当たり、「VW（フォルクスワーゲン）のすすめ」というお話をします。

　さて、2012年のノーベル賞授賞式が12月10日午後（日本時間11日未明）、スウェーデンのストックホルムのコンサートホールで開かれ、生理学・医学賞に輝いた山中伸弥（しんや）京都大学教授が、世界最高の栄誉であるメダルと賞状を授与されました。

　今日の話の「VWのすすめ」は、別にVW（フォルクスワーゲン）の車を勧めようとしているわけではありません。この「VW」のお話は、山中伸弥さんからのメッセージとしてよく紹介されている言葉です。

　山中さんは、中学高校時代に柔道をやっていて、よく骨折したことがあって、整形外科の医師になることを目指し、整形外科医になることができました。しかし、整形外科医としては、他の医者から「じゃまなか」と揶揄（やゆ…からかう）されるほどの腕前で、整形外科医を断念せざるをえなくなりました。これが、第一の挫折でした。

　次に、山中さんは研究を通じて人の命を救いたいという目標をたて、基礎医学の研究に取り組み、米国留学中に恩師から、研究者として成功するためには「VW」が大切だと教えられました。「VW」はもちろんフォルクスワーゲンのことではなく、"Vision & Hard Work"ということです（この恩師は実際にフォルクスワーゲンが愛車だそうです）。山中さんはいまも「目的、ビジョンをしっかり持って、そのために一生懸命働く」ということを大切にしているそうです。

　帰国後に就任した職場では、自分の目指す研究ができず、研究職をあきらめざるをえない状況になりました。これが、第二の挫折です。ところがたまたま研究に専念できる研究職に就くことができて、たいへん難しいiPS細胞の開発という目標にチャレンジすることになります。しかしその後も失敗・挫折を繰り返しつつ、ついにiPS細胞の開発に成功したのです。

　このような体験を踏まえて、山中さんは、①ビジョン&ハードワーク、②失敗を恥じる

な、③いい時も悪い時もある、というメッセージを日本の中・高校生に送っています。

私も本校の生徒に"Vision & Hard Work"という言葉を贈りたいと思います。皆さんも入学時やお正月などに将来の夢や目標、つまりビジョンを掲げたことがあるはずです。大切なのは、そのビジョンの実現に向かって失敗を恐れず頑張ることです。と同時に、山中さんのように、整形外科医が無理であれば、人の命を救うという大きな目標を他の方法で追求するという柔軟さを合わせ持つことが重要です。

ほとんどの人が進学、勉強、部活、家族・友人関係などで、何らかの失敗や挫折の経験は持っているはずです。むしろ失敗、挫折経験のない人はいないのではないでしょうか。問題はそれにどう立ち向かっていくかだと思います。

新年を迎えるに当たり、皆さんに「VW」、すなわち"Vision & Hard Work"という言葉を贈ります。それぞれのビジョンの実現に向かって頑張ってください。

「努力する人は希望を語り、怠ける人は不満を語る」（2014年　1学期終業式）

この1学期を振り返り、良かったことをいくつかお話します。

最近、町内でいろいろな方から、「嶺北中学校の生徒が良く挨拶してくれる」「朝早くから走っている姿を見ると、本当に中学生がよく頑張っている」「学校がとても落ち着いてきている」といったお褒めの言葉をいただくことが多くなりました。みんなの頑張りを、地域の方がしっかりと見て評価していただいていることに、地域の皆様の温かさを感じ、とてもうれしく思います。

さらに今年は、明日からの高知県中学校体育大会に、すべての部活動（バレーボール部、バドミントン部、ソフトボール部）が出場できます。県大会に出られる喜びを胸に、「嶺北中学校の一員」として精一杯頑張ってきてください。

次に、今日は、長い夏休みに入る前の1学期の終業式ですので、「努力」ということをテーマに、皆さんにお話したいと思います。

皆さん、こんな言葉を知っていますか。「努力する人は希望を語り、怠ける人は不満を語る」（紙に書いた文字を見せる）。これは、「あすなろ物語」などを代表作とする小説家の井上靖さんの言葉です。皆さんもそういう時があると思いますが、大人の私たちでも、物事がうまくいかない時など、気がつくと現状に不満ばかり言ってしまいがちです。不満を言うことで、怠けている自分を正当化しようとしているのです。

しかし、まったく同じ境遇でも、毎日に喜びを感じ、感謝する気持ちを持って生活している人は自然と前向きでポジティブな毎日を送っています。逆に、物事を悲観的に何でも悪く受け取り、常に不平不満を周囲に漏らすような人は、いつも誰かや何かのせいにしてしまい、自然と努力を怠るようになっています。

「努力しろ」と言ってもなかなかすぐに実行できることではありません。この言葉を、皆さんの学校生活に置き換えて考えてみればわかりやすいのではないでしょうか。「頑張っている人は希望を語り、やらされていると感じている人は不満を語る」ということが当てはまるのではないでしょうか。

明日から、43日間の長い夏休みに入ります。昨年の1学期の終業式では、2・3年生には、イエローハットという会社の創業者、鍵山秀三郎（かぎやまひでさぶろう）さんの、

> 「微差(びさ)、僅差(きんさ)の積み重ねが大差となる」という言葉を紹介しました。相田みつをさんの言葉に、「毎日少しずつ。それがなかなかできねんだなあ」という有名な言葉があります。毎日・毎日の積み重ねを大切にしてほしいと思います。
> 　「希望を語る」ためには、「夢」や「目標」を持つことが大切です。最近の中学生に、「夢や目標は?」と尋ねても、夢を語れなかったり、「いい学校へ行き、いい職業につきたい」という漠然とした答えしか返ってこなかったりする生徒が増えています。少し寂しい気がします。皆さんには、大きな「夢」や「目標」に向かって、「凡事徹底」する努力を継続してほしいと願っています。
> 　最後に、ある企業の社長さんの言葉を紹介し、1学期終業式のお話とします。
> 　「夢は逃げない。逃げるのはいつも自分だ。」

⑧　「CAP(キャップ)」-「D(ドゥ)」で「時間」と「時間」をつなぐ

　学校の教育活動を見ていると、企業などと違い不思議な文化が存在している。

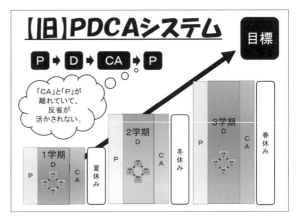

　学校では、「学期」という単位でPDCAを回すことが多いのだが、「学期」と「学期」の間には、「夏季休業」や「冬季休業」といった子どもたちにとっての長期休業日が設けられている。

　学校では、1学期が終わり、夏季休業に入ると「反省職員会」なる会議が必ず開かれる。そこでは、1学期の児童・生徒の様子や学級の反省、行事の反省といったことが総花的に議論されている。当然、この会議がPDCAの「C」と「A」に当たるのだが、学校の目標が明確でないがために、目標に対する「評価」「改善」ではなく、た

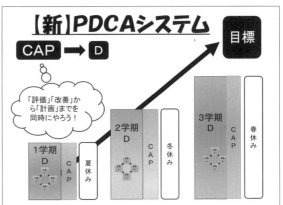

だ思いつくままのトークが飛び交う「反省会」レベルで終わってしまい、2学期からの戦略会議としての意味合いをなしていないことが多い。

　こういったことは、児童・生徒にも言える。夏休み前には、学級活動で1学期の反省会が行われる。そして、2学期が始まるとすぐに、「2学期の学級目標」を決める学級会が開かれる。この間に、約40日間の夏季休業が入るので、1学期の反省が生かされないまま、2学期の目標設定が行われているのである。これでは、せっかく反省を行っても、そ

の内容が次の計画に生きてこない。PDCAサイクルが、細切れで単体として存在するだけで、次のPDCAにつながっていないことになる。

　本校では、PDCAを効率的に回すために「CAP→D」というシステムを採用している。これは、「評価」「改善」を行うと同時に、次の「計画」を立てるというものである。1学期の末に「評価」「改善」と同時に、2学期の目標まで立てる。そうすることで、1学期の反省も生きてくるし、2学期が余裕をもってスタートできる。

　p.104で述べた、7月23日の公開校内研修を、夏季休業に入った直後に企画したのも、記憶が新しいうちに1学期の「振り返り」（C・A）を行い、2学期以降の計画（P）につなげようという意図があった。カリキュラム・マネジメントで大切なことは、PDCAとPDCAを継続的・発展的につないでいくことである。「CAP→D」を使えば、「つないで、進化させていく」ことも可能となる。

3　「総合的な学習の時間」の果たす役割

　2013（平成25）年12月に文部科学省・国立教育政策研究所から出された「全国学力・学習状況調査報告書」のクロス集計において、B問題（活用）の記述式問題の解答状況を見ると、「授業の冒頭で目標を児童生徒に示す活動、授業の最後に学習したことを振り返る活動、授業などで学級やグループで話し合う活動、総合的な学習の時間における探究活動、情報通信技術を活用した協働学習や課題発見・解決型の学習指導を積極的に行った学校の方が、記述式問題の平均正答率が高い傾向が見られた」という調査結果が示されており、総合的な学習の時間の重要性が謳われている。

　本校の目指す「学力の向上」「表現力の育成」を実現するうえで、「総合的な学習の時間」の果たす役割は大きい。そこで、本校では、総合的な学習の時間本来の趣旨とする「横断的」「探究的」な学習となるよう、「カリマネ表」を活用し、今まで行ってきた学習内容を、系統的・発展的に整理することとした。

4　「探究のプロセス」

　2010（平成22）年11月に文部科学省から出された「今、求められる力を高める総合的な学習の時間の展開」の中で、「探究的な学習とは、次頁のような問題解決的な活動が発展的に繰り返されていく一連の学習活動である」と定義され、「探究の過程」として「①課題の設定→②情報の収集→③整理・分析→④まとめ・表現」が示された。

　また、中学校学習指導要領（平成29年告示）解説「総合的な学習の時間編」では、「生徒は、①日常生活や社会に目を向けた時に湧き上がってくる疑問や関心に基づいて、自ら課題を見付け、②そこにある具体的な問題について情報を収集し、③その情報を整理・分

析したり、知識や技能に結び付けたり、考えを出し合ったりしながら問題の解決に取り組み、④明らかになった考えや意見などをまとめ・表現し、そこからまた新たな課題を見付け、更なる問題の解決を始めるといった学習活動を発展的に繰り返していく。要するに探究的な学習とは、物事の本質を探って見極めようとする一連の知的営みのことである」と定義されている。

そこで、本校では、総合的な学習の時間における探究的な学習を、「探究のプロセス」として、次の図のように整理した。

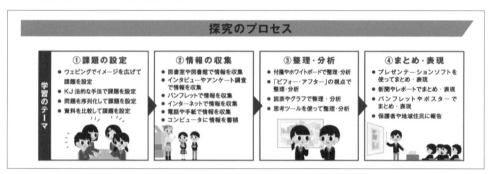

5 年間計画（イメージ図）の作成

年間指導計画とは、1年間の流れの中に単元を位置付けて示したものであり、どのような学習活動を、どのような時期に、どのくらいの時数で実施するのかなど、年間を通しての学習活動に関する指導の計画をわかりやすく示したものである。年間指導計画では、学年の始まる4月から翌年3月までの1年間における生徒の成長を考慮し、探究活動が連続するように設定していくことが大切である。

そこで、本校では、前述した総合的な学習の時間における「探究のプロセス」が繰り返されていく連続した学習活動となるよう、最初に、学年ごとの「総合（探究的な学習）イメージ図」を作成する作業を行っている。この作業を通して、各教員が活動と活動の「つながり」を意識したり、山場（クライマックス）をどこに持っていこうかと思案したりすることが可能となり、1年間の「探究的な学び」の見通しを持つことが可能となった。

年度当初に教員が、総合的な学習の時間の1年間の学びを、学年団の複数の教員で物語のようにストーリー化していく作業を行ってきたことで、教員のプランニング能力や企画力、構成力なども育ってきた。

年間指導計画を言葉だけで作成していくのではなく、生徒の学習活動を具体のイメージ図から年間スケジュールに落とし込んでいくことで、年間指導計画の作成も容易になり、業務の効率化にもつながっている。

5 「表現力育成」へのカリキュラム・マネジメント

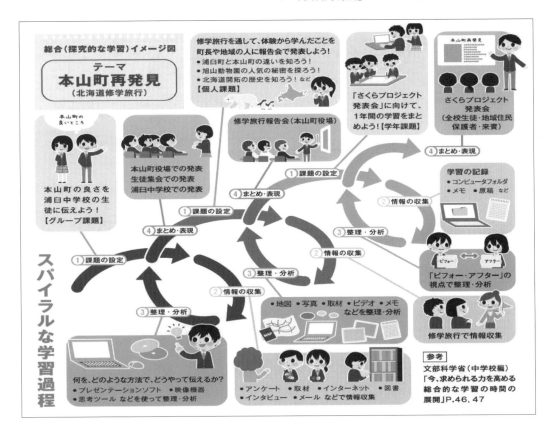

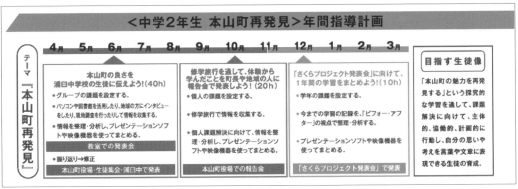

6 活動の実際——2年 総合的な学習の時間「本山町再発見」

(1) 課題の設定

　総合的な学習の時間が成功するか否かは、「魅力ある学習課題を設定すること」にあると言っても過言ではない。テーマに迫る課題設定がうまくできたとき、初めて充実した活動が期待できるのである。

　「学習課題設定」において、この分野で先行研究に取り組んできた甲南女子大学の村川雅弘教授は、「自分ごと」となっていることが大切と力説している。また、國學院大學の

第3章 「学校経営マンダラート」からみる嶺北中学校の実践

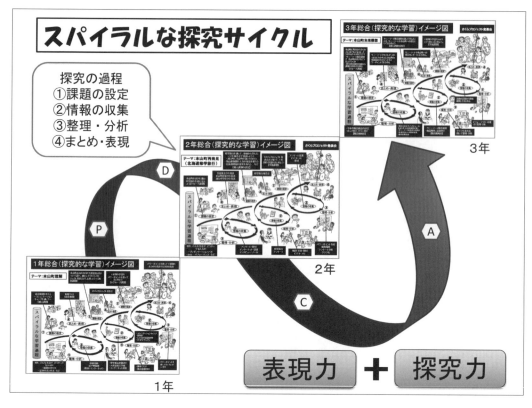

田村学教授は、その学習課題が「子どもたちにずれを生じさせる」よう、仕掛けることが大切だと述べている。

つまり、学習課題が、「自分たちにとって意味のあるものであり、探究するに値するものとして生徒たちが実感できるものになっているかどうか」が肝要なのである。

中学校学習指導要領（平成29年告示）解説「総合的な学習の時間編」には、「課題の設定については、生徒たちの知的好奇心や探究心を大切にしながら、課題を設定する場面では、こうした日常生活や社会に存在する事象に直接触れる体験活動が重要であり、そのことが、その後の息長い探究活動の原動力となる」と書かれており、本校では、そうした趣旨を踏まえ、「身近なテーマで、自分ごと」として捉えられるような課題設定を目指している。

本校では、1年から3年生まで、総合的な学習の時間の最終ゴールを「『さくらプロジェクト発表会』において、1年間の学びの成果を全校で伝え合うこと」としている。2年生の場合では、活動の山場（クライマックス）を、北海道の浦臼中学校

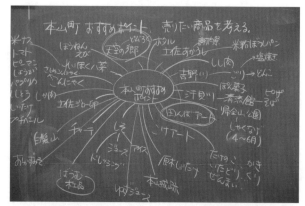

ウェビングマップで本山町の良さを考える

との交流活動、北海道修学旅行での調査活動に置いている。時期としては、1学期、2学期前半、2学期後半と合計3回の探究サイクルを回し、本校の重点目標の一つである「表現力」の育成に迫っている。

1学期は「本山町の良さを浦臼中学校の生徒に伝えよう！」、2学期前半は「修学旅行を通して、体験から学んだことを町長や地域の人に報告会で発表しよう！」、2学期後半は「さくらプロジェクト発表会に向けて1年間の学習をまとめよう！」という課題を設定し、探究活動を行っている。

課題設定においては、教師主導（「他人ごと」）にならないよう、学級全員でアイデアを拡散し、対話的な学びを通して一つの課題へと収束させていくプロセスを設定し、課題が「自分ごと」になるよう工夫している。その際には、ウェビングマップやピラミッドチャート等の思考ツールを活用している。こうしたシンキング・ツールは、総合的な学習の時間の課題づくりにおいて大変有効な手段である。

(2) 情報の収集

生徒は課題の解決に必要な情報を、観察や見学、調査、探索、追体験などで、情報を収集する。

情報収集で大切なことは、「自分ごと」として情報収集に当たること、そのためには適切な方法で情報を収集すること、そして、その情報を各教科で身に付けた知識・技能と関連付けることである。情報収集のための事前学習が十分にできているかどうかが、「情報の収集」では鍵を握っているのである。

地域探究学習では、生徒は地域にフィールドワークに出かけることが多い。その際に、「何を調べるのか」「何のために調べるのか」といった目的意識をしっかり持たせること、そして、集めた情報をどのようにまとめ、いつ、だれに対してどのような方法で発信していくのか、といった「ゴール意識」や「相手意識」「場面・状況意識」を持たせることが大切になってくる。

学校現場では、フィールドワークに十分な時間をかけられる時間的余裕はほとんどない。だからこそ、一度のフィールドワークで目的が達成されるよう、事前学習の段階で、生徒にその目的や意義について意識を十分に高めておく必要があるのである。

本校の2年生は、浦臼中学校との交流会で本山町の魅力を浦臼中学校の全校生徒にプレゼンテーションソフトや動画ソフトを使ってわかりやすく紹介するために、自分たちが自慢したい地域や特産物の取材活動を行ったり、北海道修学旅行後の成果報告会に向けて、札幌駅で200人アンケートや高知県についてのインタビューを実施したりしながら、情報収集に取り組んでいる。

第3章 「学校経営マンダラート」からみる嶺北中学校の実践

嶺北八菜についての取材

大原富枝文学館での取材

(3) 情報の整理・分析

　収集した情報は、それ自体はつながりのない個別なもので、それらを種類ごとに分類・細分化し、多面的・多角的な視点で分析することが大切であり、本校では、そうした学習活動を探究サイクルのなかで常に位置付けるよう心掛けている。

　整理する際には、図表やグラフ、思考ツール等を使って整理・分析したり、ビフォー・アフターの視点で整理・分析したりしている。ホワイトボードや付箋、ICT機器を活用し、対話的な場面を多く設定し、思考力・判断力・表現力を高める学習は、総合的な学習の時間に限らず他教科でも頻繁に取り入れられており、アクティブ・ラーニング的な視点での授業はもはや日常化してきている。

パソコンを使って整理分析

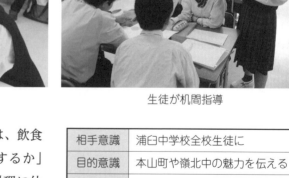

生徒が机間指導

　この「情報の整理」という作業は、飲食店に例えると、「材料をどう調理するか」「どのような方法で、どのような料理に仕上げてお客さんに提供するか」「どうすればお客さんが満足してくれるか」を考える場面とも言える。ここでも、まとめの発表（ゴール）に向けて、相手意識、目的意

相手意識	浦臼中学校全校生徒に
目的意識	本山町や嶺北中の魅力を伝える
場面意識	浦臼中学校との全校交流会の中で
方法意識	動画やパワーポイントを使って
評価意識	わかりやすいものになっているか

意識させたい「言語意識」

識、場面・状況意識、方法意識、評価意識等の「言語意識」を持たせ、「自分ごと」として情報の整理に当たらせたい。前頁の表は、浦臼中学校での交流会に向けて意識させた「言語意識」である。

(4) まとめ・表現

探究的な学習過程では、情報の整理・分析を行った後、それを他者に伝えたり、自分自身の考えとしてまとめたりする学習活動を行う。そうすることで、それぞれの生徒の既存の経験や知識と、学校での学習活動がつながり、一人一人の生徒の考えが深まり、課題がより明確になってくる。このことが、本校の目指す「深い学び」につながるものと確信している。

2年生では、総合的な学習の時間のゴールを「さくらプロジェクト発表会」に設定している。町民や保護者、企業関係者や取材でお世話になった農家の方々を招待し、全校生徒の前で学習成果の発表をすることとしている。生徒たちは、札幌駅で北海道民や外国人など合計200人を対象に行ったアンケート結果を「200人アンケート」として、図やグラフにまとめたり、「旭山動物園の人気の秘密」や「北海道開拓の歴史」などを、プレゼンテーションソフトを使ってまとめたりしながら表現活動へとつなげている。

7　さくらプロジェクト発表会の意義

本校では、毎年12月10日前後に、「さくらプロジェクト発表会（学習発表会）」を開催し、各学年が総合的な学習の時間の成果を全校生徒や保護者、地域住民等の前で発表し、学びの共有化を図るとともに、情報発信に努めている。この発表会を12月に実施することは、本校にとって実に大きな意義をもっている。

相手意識	町民や保護者、全校生徒等に
目的意識	1年間の総合学習の成果を伝える
場面意識	プラチナセンターの大きな舞台で
方法意識	動画や劇、パワーポイントを使って
評価意識	わかりやすいものにまとまっているか

意識させたい「言語意識」

1年生 劇による発表

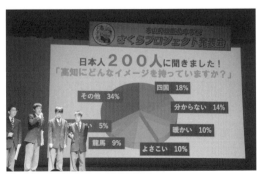

2年生 200人アンケート結果発表

第3章 「学校経営マンダラート」からみる嶺北中学校の実践

3年生 地域の未来構想　　　　　　　　トークセッション

```
　　　　　さくらプロジェクト発表会（2016年度）　　　会場…本山町プラチナセンター
 1  開会あいさつ　　生徒会長・校長
 2  総合的な学習の時間の成果発表（各学年20分）
      ①1年生　②2年生　③3年生
 3  トークセッション（40分）
      ◇テーマ　「一流の表現力とは？」
      パネラー（5名）：現生徒会長・旧生徒会長・高知県教育委員会・大学教授・企業関係者
      進行：生徒会役員
 4  合唱コンクール
      ①学年合唱　②全校合唱
 5  合唱コンクール審査結果発表
 6  全体講評　高知県教育委員会
 7  閉会挨拶　PTA会長・学習文化委員長
```

全校合唱

① 「逆向き設計」でカリキュラムを考える

　本校では、12月を総合学習のゴールに設定していることで、本校教員には、ゴールに向けて「逆向き設計」で単元構成を組み立てる力が育ってきたように感じている。ゴールが決まっているからこそ、今、何をやらなければならないかが明確に位置付いているのである。特に、総合的な学習の時間をうまく運用できていない学校では、「次の総合の時間は何をしようか」と、計画性もなく時間消化のために様々な活動を入れて時間だけを埋めていく場面を目にするのだが、本校教員の場合は、「総合の時間が足りない！」という言葉が多く聞こえてくる。生徒主体の学習にしていくには、予想以上に時間がかかるものである。しかし、計画を生徒に任せ、活動を生徒に委ねなければ、いつまでたっても「教師の指示待ち姿勢」からは脱却できない。ゴールから「逆向き設計」する力は、カリキュラム・マネジメントそのものであり、他教科や学校行事等にも汎用できるものと考える。

② 上級生が学習モデル

　全校生徒が一堂に会し、異学年の学習に触れることは、「学びの共有化」や「次学年の学習のイメージ化」につながる。日ごろから、上級学級の担任には「さすが上級生」と言

われるような発表に仕上げてほしいとお願いしている。1年よりも2年、2年よりも3年の発表が良くなければ、上級生への憧れや次学年の学習への知的好奇心は高まらない。上級生が下級生のモデルになることは、上級生に責任感や自信が生まれる。下級生にとって上級生は身近な学習モデルであり、同時に、教員にとっても、他学年の学びから得るものは

プレゼン発表

大きいと考えている。この学年を超えての「学びの交流」は、「活動と活動」「学年と学年」のつながりを視覚化・共有化するうえで非常に有意義なものとなっている。

③「みんなで創る」

本校では、12月の発表会直前は、「師走」という言葉どおり教員はその準備に東奔西走している。走り回っているのは教員だけではなく、生徒も同様でその準備に忙しい。ある時期や特定の学年だけ忙しいとなると教員たちの不満も噴出してくるのだが、本校の場合、全生徒、全教職員が忙しいのだから、そうした不満もあまり表出してこない。「みんなで創る」「一緒に創る」からこそ、学校としてのまとまり、チームとしての一体感につながっているのだと思う。

④外の風を入れる

地域住民や保護者、企業関係者や取材でお世話になった農家の方々を招待し、発表を学校外の人に見てもらうことで、学校は外部から評価を受けることができる。外部からは、「中学生の発表は大人顔負けですばらしい！」「あの1年生の劇は本当に良くできていた」「グラフや写真の入ったパワーポイントや動画などは本当に中学生が作ったの？」といった、「お褒め」の言葉をいただくことが多く、そうした評価が生徒たちの自尊感情や自信につながっているのは間違いない。やはり、「外の風を入れる」「学校を外に開く」ことの意義は大きいと考えている。

また、2年前からは、さくらプロジェクト発表会において、総合的な学習の時間の成果発表に加え、有識者（大学関係者や企業関係者、町幹部職員等）をお招きし、生徒との「トークセッション」も併せて開催することとしている。1年目は、「一流の表現力とは？」、2年目は「夢の実現に向けて」、3年目は「社会人基礎力とは？」というテーマで実施した。こうした取り組みを通して、生徒たちは、学校経営目標である社会人基礎力としての表現力を更に高めていっている。

⑤学校文化にしていく

こうした活動を一過性のものにしてはならない。毎年実施することで、学校文化として根付かせていかなければならない。下学年は、上級生の発表から多くのものを学び取り、

第3章 「学校経営マンダラート」からみる嶺北中学校の実践

その学びを超えていかなければ、学習はマンネリ化してしまう。そうした前の学年を「超える」という意識を学校文化にしていくことが大切だと感じている。

　下の写真は、「さくらプロジェクト発表会」当日の朝、3年生の教室の黒板に書かれてあったものである。「5年間かけてやっと『さくらプロジェクト』が嶺北中学校の文化になった」と実感した瞬間でもあった。中央の「目標」には、「先生泣かす！」「20分の発表を成功させる」「最高の一日にする」と意気込みが書かれており、右下には「桜のつぼみが3年間かけて咲きほこる！」と3年間の自分たちの成長を生徒自らが感じている様が見てとれる。また、「笑顔」「Enjoy」とあるように、ポジティブ思考でこの発表会を楽しんでいることが伝わってくる。

　6年間、毎年継続してきたのだが、子どもたちの発表力や表現力は確実に良い方向へと変化してきている。そのことは、教員や保護者はもちろんではあるが、主人公である子どもたち自身も気付いているはずである。

　私は、「さくらプロジェクト発表会」を毎年見ながら、子どもたちの表現力の伸長について次のように感じている。最初の2年間は、子どもたちは精一杯取り組んでいるのだが、覚えたことを「話す」ことに懸命であった。3〜4年目は、相手に「伝える」という意識が見え始めた。5〜6年目は、「伝える」ことに加えて、「発表を楽しむ」「相手を楽しませる」という意識が育ってきた。そうした思いが、子どもたちの笑顔や自信から伝わってくる。

　また、生徒の「振り返り」からも、「探究のプロセス」を楽しんでいる様子、自分たちの成長、他学年の学びから感じること、3年生への称賛、教科横断的な学び、協働的な学びなど、「総合的な学習の時間」の意義が読み取れる。

「さくらプロジェクト発表会」を終えての生徒の「振り返り」

【1年】
○ 演技もセリフも小道具も、全部自分たちで考えたり作ったりするのは大変だったけれど、とてもいい劇になったと思います。初めは、「難しそうだな」「できるかな」と思っていましたが、みんなで協力し、いろいろな意見を出し合って、どんどん劇が完成していく過程がとても楽しかったです。この劇は、みんなで協力してできた「宝物の劇」だと思っています。本当にみんなに感謝の気持ちで一杯です。
○ 「声が小さい」、私はこの言葉を、先生や友達から何度も言われました。自分なりに大きく言っていたつもりでしたが、相手に聞こえるような声でないと劇をやっている意味がないと思い直し、頑張って声を出しました。本番ではやはり緊張し、あまり大きな声が出せなかったことと、途中のセリフを言い間違えたことが少し後悔です。たくさんの時間をかけて準備した劇でしたが、あっという間に終わってしまいました。

【2年】
○ 最初の練習の時は、「本当にこれで本番が迎えられるのか」と、とても心配でした。しかし、練習を重ねていくうちに、発表やダンスもだんだん良くなっていって、本番も無事成功させることができました。何よりも、一人一人みんなが成長できていると感じました。これからも、もっともっといろいろなことにトライして、向上心を高めていきたいと思います。
○ 1年生は難しい歴史劇でしたが、実にわかりやすい表現方法で発表していました。本山町に住んでいても、本山町の歴史を知らない人にとっては、とても勉強になったと思います。3年生は、初めは真剣に、後半はユーモアを交えたおもしろい動画を使って、私たちを楽しませてくれました。動画は、今までのものとは違い、実におもしろい内容で完璧に仕上がっていました。また、発表の内容も良くまとまっていて、「すごい！」と感じました。
○ みんなで意見を出し合いながら、最高の作品に仕上がったと思います。教育委員会の人の講評を聞いて、自分の言ったことが相手に伝わることが、こんなにうれしいことだと実感しました。

【3年】
○ 発表では、1年・2年のころと比べ、とても良い発表ができました。クラスが一致団結して、「さくらプロジェクト発表会」に向けて練習していく中で、友達の新たな良さを知ることもできました。発表では、大きく生き生きとした声が出せたので、マイクを通して、見ている人にわかりやすく内容を伝えることができました。
○ 私は、「サニーマート販売実習」の学習を通して、いろいろ大切なことを学びました。礼儀やマナー、挨拶、笑顔など、これから社会に出ていくうえで大切なことをたくさん学ぶことができました。「さくらプロジェクト発表会」では、国語の授業で学んだ力を十分に発揮できていたと思います。会場の周りを見渡して、聞き取りやすい声やスピードを意識して、お客さんに伝えることができたので、いい発表になったと思います。やり終えた後の充実感は、「ハンパない！」ものでした。

8　朝読書

嶺北中学校の朝は、静寂の時間から始まる。

登校時刻の8時25分からの10分間は、「言葉に浸る」時間である。

「朝の読書」運動は1988（昭和63）年に千葉県・船橋学園女子高等学校（現在の東葉高等学校）で、林公・大塚笑子両教諭の提唱・実践で始まったものである。学校で毎朝、始業前の10分間、生徒も教師も一緒になって、全校一斉に、各自が前もって選んでおいた好きな本を各教室で読むというもので、朝の読書推進協議会調べによると、2018（平成30）年8月6日現在、高知県の中学校の85％で実施されている。

「朝の読書」には、「みんなでやる」「毎日やる」「好きな本でよい」「ただ読むだけ」という4つの基本原則がある。「みんなでやる」ことで、一人では本を読もうとしない子どもを、読む方向に確実に動かすことができる。「毎日やる」ことで、読む力は確実についてくる。休まず毎日継続することが大切なのである。「好きな本でよい」は、子どもたちの主体性・自主性を育てることにつながる。「ただ読むだけでよい」は、感想文などを求めないということである。感想文を書かせることで、子どもを読書嫌いにさせないでほしい。

本校では、子どもたちの「読む力」「語彙力」の向上を目的に、この「朝読書」を継続している。重点目標の一つである「表現力」を高めるためには、子どもたちの「語彙力」の向上は欠かすことができない。「雨垂れ石を穿つ」である。小さな努力でも、継続することで、やがては大きな成果につながると信じている。

9　知のツールBOX「MIRAIノート」

2015（平成27）年8月中央教育審議会教育課程企画特別部会「論点整理」において、「学校が社会や地域とのつながりを意識する中で、社会の中の学校であるためには、教育課程もまた社会とのつながりを大切にする必要がある」と、教育課程を介して学校が社会や世界との接点を持つことの重要性が述べられている。

コンセプト（構想）

- **M**odern　　モダンな
- **I**dea　　発想で
- **R**esearch　　物事を探究し
- **A**ction　　自ら行動を起こし
- **I**nnovation　　自分の未来を切り拓こう

そこで、本校では、その年の10月から、甲南女子大学の村川雅弘教授から紹介いただいた「知の総合化ノート」を参考に、生徒が自分自身と対話しながら、学校と社会の接続を意識し、夢の実現につなげるツールとして「知のツールBOX『MIRAIノート』」を構想し、全校で取り組むことにした。

5 「表現力育成」へのカリキュラム・マネジメント

　この「MIRAI」というネーミングも生徒の発案である。自分たちの将来を、新しい発想で、探究心を持って、自分たちの手で切り拓いていくという意味を込めて、「MIRAI」と命名した。漢字の「未来」ではなく、ローマ字で「MIRAI」とした発想がおもしろい。「Smile 手帳」と同様に、「MIRAI ノート」のコンセプトも、前頁の図のように作成した。

　本校の学校教育目標である「社会人基礎力」を育成するうえにおいて、学校の学びが将来社会に出たときに、必ず役立つことを実感させることが必要になってくる。

【実践の手順】
①「知」の収集
　生徒は、授業や学校生活全般、家庭生活など日々の学びのなかから、「これは将来自分にとって役に立つなぁ」「この話は忘れそうだから書き留めておこう」といった内容を、気付いたときに 7.5cm 四方の付箋に随時記入し、「MIRAI ノート」に「知」を蓄積していく。

②「知」の整理
　収集した「知」を、「嶺北 ACT」の項目ごとに分類する。その後、「ベン図」や「Y チャート」「座標軸」「マトリクス」などの思考ツールを使って整理し、それぞれにタイトルを付ける。

③「知」の発信
　整理した「知」を作文や短歌、格言や語録など、様々な表現方法を使ってまとめ、他者に発信する。

④「知」の活用
　学んできた「知」を活用し、「自分の生活に」「学校の授業に」「生徒会活動や部活動に」、最終的には「自分の生き方に」生かしていく。

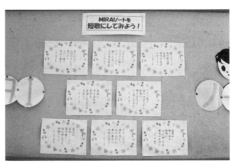

短歌「プライド」

短歌「努力」

MIRAI ノート掲示板

10 PDCAサイクルの活用

　カリキュラム・マネジメントの定義では、「教育内容の質の向上に向けて、子供たちの姿や地域の現状等に関する調査や各種データ等に基づき、教育課程を編成し、実施し、評価して改善を図る一連のPDCAサイクルを確立すること」の必要性が述べられている。

　中学校では、各学年団を中心に教育活動が行われているため、総合的

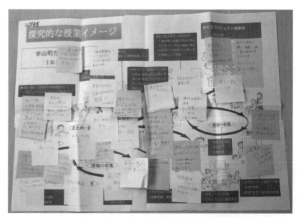

4月に見直された総合イメージ図

な学習の時間については、他の学年がどのように展開されているのか知らないことが多い。

そこで、PDCAサイクルを活用し、学年と学年をつなぐために、年度末（3月）の校内研修では、該当学年が、「総合イメージ図」に3色の付箋を使って「成果」「課題」「改善策」を記入し、次学年に内容を引き継ぐことにしている。4月には、その付箋が貼られたイメージ図を基に、別の色の付箋を加え、新しい学年団で年間活動計画を作成し、更に良いものへと発展させるよう工夫改善に努めている。

11　データから見る成果

　総合的な学習の時間を中心に据え、「探究的な学び」というキーワードを視点に、「表現力の育成」に努めてきた。また、前述したような学力向上対策を行ってきたことで、本校生徒の学力は明らかに向上してきた。

　総合的な学習の時間の充実度については、「全国学力・学習状況調査」や「総合的学習で育った学力調査」など、各種調査のどの項目においても、全国又は全国上位校と比較して、本校は非常に高い数値を示しており、このことからも生徒が総合的な学習の時間の有用性を感じ取っていることが読み取れる。

　また、「表現力」については、研究指定を受けた2015（平成27）年から、右にあるような本校で考案した独自の「表現力アンケート」を実施して生徒の変容を調査しており、その結果から見ても、本校生徒の「表現力」は確実に向上していることが見てとれる。また、2018（平成30）年7月の調査結果から、次のような興味深いデータが示されている。「友達の前で自分の意見や考えを発表することは得意である」という項目で、肯定的評価が1年生で50％、2年生で65％、3年生で85％と学年が上がるにしたがって、高い結果が示された。

取材場面を想定したロールプレイ

　この結果から一目瞭然なのだが、1年〜3年までの探究サイクルをスパイラルに回し、生徒の発表機会を多く提供してきたこと

で、学年が上がるにつれて、「発表することが得意である」と答える生徒が増えている。全国学力・学習状況調査の生徒質問紙での３年生の全国平均が約50％に対し、本校３年生の85％という数値がいかに高い結果であるかご理解いただけるであろう。

嶺北マンダラートで示した「総合的な学習の時間の充実」「表現する場の設定」「『話す』ではなく『伝える』意識の醸成」「多様な表現方法の工夫」はもちろんのこと、すべての教科・領域を通して、「探究的な学び」を実践してきたことが、この結果につながったのであろう。

さらに、本校では、「聞き方『あいうえお』」「話し方『かきくけこ』」を独自に考案し、この物差しを使って、授業や学校生活の中での生徒の「話し方」「聞き方」について、表現力を評価している。「聞き方」については、心の声を「あいうえお」で表現している。「心で聞く」ことを通して、話している相手に「聞いているよ」というメッセージを届ける「聞き方」こそ、コミュニケーション力を働かせた「聞き方」であると捉えている。「書き言葉」と「話し言葉」では、表現方法も違ってくる。「話し方」については、だらだらと長く話すのではなく、短い言葉で、中学生らしく「簡潔に具体的に話す力」を要求していきたい。また、場面や状況に応じた「声の大きさや速さ」も意識させたい。

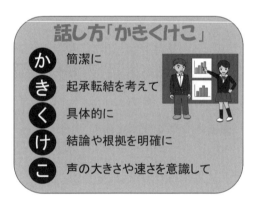

[総合的学習で育った学力調査（29年度）]

（日本生活科・総合的学習教育学会　理事　村川雅弘教授）
※総合的な学習の実践において全国中学校上位10％と思われる学校の平均値と本校の比較
○総合的な学習の時間は生きていくうえで大切なことを学んでいると思う。【全国81％→本校91％】
○総合的な学習は楽しい。【全国75％→本校89％】
○総合的な学習の時間は、何を勉強しているのかわからない。（反転）【全国38％→本校6％】
○総合的な学習に一生懸命取り組んでいる。【全国81％→本校93％】
○教科の学習と総合的な学習はつながっていると感じる。【全国65％→本校81％】

5 「表現力育成」へのカリキュラム・マネジメント

表現力アンケート（平成27〜29年度）

表現力アンケート集計（1学期末）

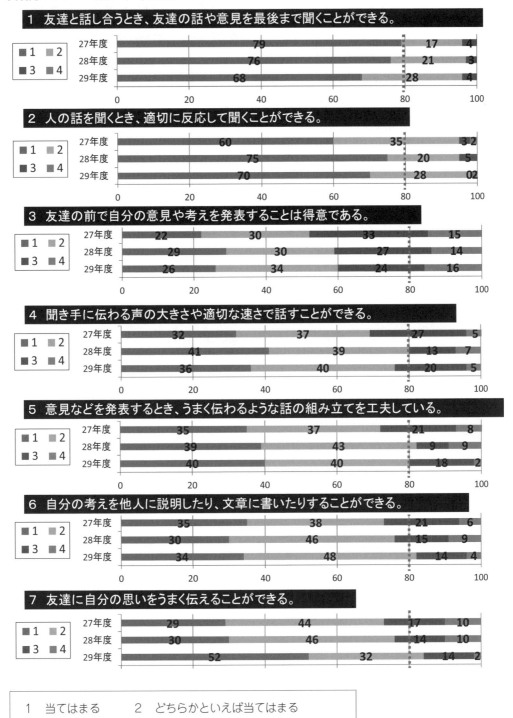

| 1 | 当てはまる | 2 | どちらかといえば当てはまる |
| 3 | どちらかといえば当てはまらない | 4 | 当てはまらない |

第3章 「学校経営マンダラート」からみる嶺北中学校の実践

全国学力・学習状況調査　生徒質問紙結果（平成29年度）

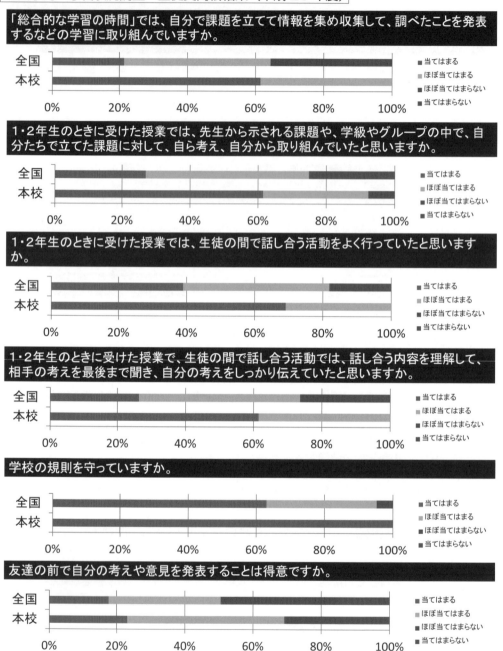

6 「学級」のカリキュラム・マネジメント

●POINT
・「学級経営案」が「絵に描いた餅」になっていないか。
・「学校教育目標」と「学級目標」が連動しているか。
・「紙(カミ)キュラム」から「生きたカリキュラム」へ。
・「学級目標」を進化・発展させていこう。
・「学級目標」は視覚化することが大切。
・生徒が作る「学級目標マンダラート」に価値がある。

　次に、学級のカリキュラム・マネジメントについて考えていきたい。
　カリキュラム・マネジメントは、「各学校が、学校の教育目標をよりよく達成するために、組織としてカリキュラムを創り、動かし、変えていく、継続的かつ発展的な、課題解決の営み」であることは、すでに申し上げてきたことで、ご理解いただいていることと考えている。
　では、学校の中で、その学校教育目標を達成するための「最前線」といったらどこに当たるのだろうか。「部活動」「生徒会活動」「学校行事」など生徒が主体的になれる様々な教育活動を想定されることも考えられるが、「カリキュラム・マネジメント」として最も効果・成果が出るのは、何と言っても子どもたちが毎日の約3/4以上の学校生活を過ごしている「学級」と言っても過言ではない。
　学校教育目標を達成するためには、「学校→学年→学級」と目標を下位目標にして設定し、学校全体のベクトルを合わせていくことが大切であるということは、第1章で詳しく述べているので、そちらを参考にしてほしい。ここからは、本校が実践している「学校教育目標を意識した学級経営案」の書き方、「学級目標の立て方やその動かし方」「評価方法」などについて具体的な事例を挙げて紹介する。

1　学校教育目標を意識した「学級経営案」

(1) なぜ、学校教育目標を意識できないのか

　様々な学級経営案を見てきたが、学校教育目標を意識し、学校教育目標の下位目標として書かれている学級経営案を見る機会はほとんどない。その理由については、①学校教育目標が「お題目」になってしまっていて、教職員に浸透していない。②学校教育目標の目指す方向性について学級担任の理解が不十分である。③「目標」の正しい作り方を習って

きていないし、知識も不足している。④「学校教育目標」を意識しながら「学級経営案」を立てた経験がない。⑤４月に学級担任になった直後に提出が求められるため、深く考えて書かれていない。⑥学級経営案が「紙キュラム」になってしまっていて、書く必要性を感じていない。⑦４月に一度書いたきりで、それ以降活用することがないので有用性を感じていない。⑧学級経営案をきちんと評価し、アドバイスしてくれる先輩教員がいない、といったことが考えられる。

(2) 学校教育目標と学級目標とをつなぐフレーム

そこで、本校では、「学校教育目標やその学校の生徒に付けたい資質・能力等を意識しながら学級経営案が描けるフレームがあれば、先生方も、きちんと整った学級経営案が書けるのではないか」と考え、本校独自のフレームを考案し、現在実践している。

本校の学級経営案の特徴は、最初に「学校教育目標」や「育てたい資質・能力」「スローガン」や「行動指針」など、本校が大切にしている学校の「大黒柱」に当たる部分が、あらかじめ記載されている点にある。学級経営案の最初にこの部分を掲載し「視覚化」しておくだけで、これを書く教員は意識せざるを得ない。

また、次に、「学級目標」や「学級の実態」「学級経営方針」を書く欄の上には、※印で「『学校教育目標』『研究主題』『行動指針』『育てたい資質・能力』と関連する部分には、下線を引いてください。」と太字で示し、下線を引く作業を通して、学校の「大黒柱」と関連したものになっているか、確認する作業を義務化している。

こうしたちょっとした工夫をするだけで、学校教育目標は、教職員の意識に浸透し、学校教育目標と学級目標のベクトルが揃ってくる。また、こうしたフレームがあるだけで、学級経営案の正しい書き方を知ることにもつながる。

２ページ目の上段には、「『学校経営計画』を受けての学級到達目標」を、知・徳・体の三つのカテゴリーに分け、それぞれの「到達目標」について数値を入れて挙げさせ、それらを達成するための「具体的な取り組み」を記入させている。１年後の姿をイメージさせ、具体の数値目標を入れることで、「振り返り」「評価」がより明確なものになってくる。

２ページ目の中段以降は、まさに「PDCAサイクル」である。４月に計画し、１学期に実践し、１学期を終えた段階で、立てた「到達目標」について「総括」し、その取り組みの中で不十分だった点について要因を踏まえた分析を行い、２学期以降に向けた「改善点」を記入するという様式になっている。このようにPDCAを回させることで、「絵に描いた餅」「紙キュラム」と揶揄される状態も回避できると考えている。

学級経営案は、言わば「学級のカリキュラム・マネジメント表」である。「カリマネ表」と同様に、「創り、動かし、変えていく」ことに意味がある。創ることを目的としない「生きたカリキュラム」にするためにも、「不断の見直し」が図られる「PDCA様式」の学級経営案に変えていくべきだと考えている。

6 「学級」のカリキュラム・マネジメント

平成29年度 木山町立嶺北中学校学級経営案
第2学年 担任 ○○ ○○

学校教育目標	「社会人基礎力の育成」
研究主題	基礎学力の定着と表現力の育成〜深い学びの実現に向けた課題探究型授業の創造〜
行動指針	○「嶺北スピリット」それ・礼儀・「ほ・奉仕・「い」意欲・「く」工夫 ○「一流」[Action]主体性・向上心・実行力
育てたい資質・能力	[Collaboration]コミュニケーション力・協調性・責任感 [Thinking]課題発見力・探究力・創造力

※「学校経営計画」「研究主題」「行動指針」「育てたい資質・能力」と関連する部分には、下線を引いてください。

学級目標	「学力と表現力」を伸ばし、目標達成に向けて努力し続ける集団づくり
生徒数	男子10名・女子9名 合計19名
学級の実態	[生活面] ・お互いの考えを受け入れたり助け合ったりすることができ、協調性のある生徒が多い。 ・男女問わず関わり、助け合うことができ、協調性のある生徒が多い。 ・時間や提出物の期限を守るという責任感、ルールやマナーを守ることに課題がある。 ・一部の生徒において、ルールやマナーを守ることに課題がある。 ・あいさつや返事の声の大きさに課題がある。 [学習面] ・29年度全国学力調査結果平均は、国語＋16 社会＋29 数学＋9.2 理科＋7.8（5教科平均＋4.3）と高い。4月の標準学力調査では、社会と理科が伸びていない。 ・授業中は積極的にお互いの考えを伝えることができる。 ・家庭学習課題の期限内に提出するという責任感や内容の充実に課題が見られる。
学級経営方針	1「社会人基礎力」として集団生活で必要な力を身に付けさせる。 ① 笑顔で、聞こえる声で、相手より先に挨拶することで一流の挨拶」を常に意識させる。 ② 責任感をもって、期限内に提出物を出すことを徹底させる。 ③ 互いが安全に気持ちよく過ごせるよう、ルールやマナーを大切にする。 2 児童生徒理解を深め、それぞれの違いを学ぶ。 ① 「消極的いじめ」の防止と心の生徒理解に努める。 ② 生徒一人一人の話にじっくりと耳を傾けることで「聴くこと」を重視する。 ③ SC や養護教諭、SSW、関係機関との連携を図りながら、生徒の変化にいち早く対応していく。 3 学級経営の基礎・基本を徹底し、「学力の向上」を目指す。 ① 「Smile 手帳」やテスト計画表を活用し、家庭学習の定着を図る。 ② 自主学習ノートの内容を充実させる。課題学習プリントに毎日90分以上取り組むことで、基礎学力の定着を図る。 ③ ノートづくりに力を入れることで、思考力、表現力の向上を図る。 4 表現する場面を多く設定することで、表現力を伸ばす。 ① 総合的な学習の時間では、探究の学習サイクルの活用を目指す。 ② 学級での朝の会や帰りの会、班会においては話し合いや発表の場を設けることで、自分たちの考えを教員や仲間同士に共有することを目指す。 5 保護者との連絡を大切にする。 ① 欠席時だけ連絡するのではなく、普段から細やかにでスピーディーな連携体制を構築する。 ② 連携を密にすることで、生徒の家庭での気になる様子の情報収集に努める。

「学校経営計画」を受けての学級到達目標

	到達目標	具体的な取り組み
知	① 標準学力調査：国語・社会・数学・理科 全国平均＋5ポイント以上（5教科平均） ② 家庭学習時間 90分以上 100%	・自主学習ノートの提出率100%定着を目指す ・各教科の課題学習提出率100%以上を目指す ・家庭学習時間90分以上の生徒を100%にする ・期限を守って提出物を出させるよう連絡ボードで毎日確認する
徳	① Q-U 満足群 90%以上 ② 演itスピリット 礼儀を身につける 80%以上 道徳アンケート 自尊心 80%以上 いじめを許さない 100%	・落ち着いた環境で過ごせるよう教室環境の整備に努める ・提出物や挨拶などを通して、生徒の肯定的評価に努める ・班会等で互いの考えを伝え合い、帰りの会に振り返りに取り組ませる ・ルールやマナーについて道徳評価しながら、個人や学級の目標を掲げることで意欲的な行動に繋がる ・道徳の授業面において、生徒の感想や振り返り等を学年団で共有し、肯定的評価に繋げる
体	① 睡眠時間 7時間未満 20%以下 ② 朝食を毎日食べる 90%以上 ③ 給食を残さない 90%以上	・三者面談での課題提供及びアンケート結果による個別指導、通信等を活用し、意識面での行動面での定着を図る ・養護教諭や栄養教諭、SCとの連携を図る、個々の状況把握に努め、適宜声かけを行う ・給食時の様子を見て、適宜声かけを行う

学期	総括（[C]）	改善点（[A]）
1学期	[知] 自主学習ノート・各教科の宿題について、未提出は平均して80%以上は実施するまでに至っていない。家庭学習時間を60分以上実施するまでに至ったが、十分に定着させていない。Smile手帳と学習時間や学習内容を記録させているが、これについても定着がまだ十分ではない。 [徳] 机の中やロッカーなどの整理整頓を係から呼びかけができたり、教室整備に努めることができた。Smile手帳で教科係からの振り返りや帰りの会を通して生徒の肯定的評価を高めることができた。朝の会、帰りの会でMVPを発表させ、互いの頑張りも評価させた。班会等も目標を掲げさせた。規律、規則・規律については十分でない部分がある。あいさつや発表の声もよろしい。道徳の授業等、学級や学年単位での話し合いや発表の場を設けることで、授業の振り返りを教員や生徒に共有することを目指す。 [体] 面談や通信を通して細やかにスピーディーに対応を行うことができた。給食後、複数の教員が生徒の列に入って声かけを行うことで食べ残しを減らすことができたが、個々の食への関心は依然低いと感じている。	[知] 朝の会と帰りの会で学習係と担任が必ず点検を行い、未提出者への呼びかけを継続して行う。Smile手帳の確認をより丁寧に行い、提出物や宿題の提出時期などをより明確にさせる。 [徳] 授業（総合など）での振り返りを通して互いのよい所を支持する時間を確保する。朝の会、帰りの会の班会ではついても掲げさせる。規則、規律については、粘り強く、継続的に指導を、いろいろな場で発表していく。道徳の授業など、振り返りを指導していく、道徳の授業を学年全員で行うこと。面談や通信だけではなく、さまざまな形で継続的な呼びかけを行っていく。 [体]

2 進化・発展していく「学級目標」

　学級が成果を上げていくことが、学校教育目標達成への一番の近道と言える。そのためには、しっかりとした学級目標を立て、機能させていくことが重要となってくる。
　ここでは、私が学級担任をしていた時に実践していた方法を、「進化・発展していく『学級目標』」と題して紹介してみたい。しかし、現状20年以上も学級担任を離れているので私の実践はお見せできないのだが、本校の教員に私の取り組みを紹介したところ、「ぜひやってみたい」ということで、その取り組みを継承・発展させてくれている学級担任がいるので、その学級の取り組みを紹介していきたい。

(1) 学級目標の立て方

　学級目標は、学校教育目標を受けて立てるものである。4月、学級開きにおいて、学級担任は、本校の学校教育目標である「社会人基礎力」や目指す生徒像である「嶺北ACT」について、生徒たちにわかりやすく説明しなければならない。学級担任が自分の言葉でこれらを語ることで、学校の目指す方向を生徒たちに伝えることができる。校長が始業式などで話すより、学級担任が語ることの方が、生徒への影響力は遥かに大きい。
　それを受けて、生徒たちは、「学校の方向性」と、自分たちが目指す「理想の学級」のイメージを重ねながら、「学級目標」を決めていくのである。その際は、「理想の学級とは？」といったテーマで「理想の学級」の要素について「ウェビング」などを活用し、できるだけ多くの要素を出させ、それを絞り込んでいく過程において、「学校の方向性」と重なる部分はどこかといった視点で「学級目標」を設定させることで、生徒たちの主体性や思考力を育んでいきたい（p.34参照）。
　その際には、第1章で紹介した、「目標設定のポイント」や「SMARTの法則」「『高さ』と『早さ』の3段階のスモールステップ」「アクションプランは『S・S・K』の視点で考える」などを参考に、生徒の立場に立ち、「目標の立て方」についてわかるように伝えてほしい。そうすることで、目標はより明確なものになってくる。

(2) 進化・発展する学級目標

　この学級目標の真骨頂は、何と言っても「進化・発展」を遂げていくことにある。目標を立てただけで終わらせてしまっていては、目標は有名無実化してしまう。
　学級のカリキュラム・マネジメントとは、大阪教育大学の田村知子教授の定義を使えば、「各学級が、学校の教育目標をよりよく達成するために、組織としてカリキュラムを創り、動かし、変えていく、継続的かつ発展的な、課題解決の営み」（下線部筆者）と言い換えることができる。「学級目標」を「創り、動かし、変えていく」ことなのである。

6 「学級」のカリキュラム・マネジメント

　私の提唱するこの「進化・発展する学級目標」の特徴は次の点にある。
◇学級目標は立てただけでなく、最低ひと月に1回は点検・評価をしていく。
◇「評価」を意識し、学級目標の到達指標をあらかじめ決めておく。
◇自分たちで「評価」できるよう、具体的な言葉で目標を創る。
◇一つの目標が達成できたら、新たな目標を追加していく。
◇学級の「がんばり」が生徒に伝わるよう、教室内に掲示し、可視化する。
　ここからは、学級目標が進化・発展していく様子を伝えていくこととする。

①初期の学級目標
　右下の写真（初期の学級目標）にある下の5つの項目が、この学級が最初に作った「学級目標」である。上の「Let's do it！」は学級のスローガンである。5つの目標には、「自分から」「自分の意見を自分の口で」「一日三回」「学期中に一度」といった枕詞が加えられており、具体的で評価可能な目標に近づいていると言える。

　「自分からあいさつをする」は「嶺北スピリット」の「礼儀」、「提出期限を守る」は「嶺北ACT」の「責任感」、「自分の意見を自分の口で言う」は同じく「コミュニケーション力」、「一日三回は授業で発言する」は同じく「主体性」、「学期中に一度は学校や学級のためになることに挑戦する」は「嶺北スピリット」の「奉仕」から、それぞれ落とし込んだものである。学校の方向性を生徒が意識して、目標を立てていったことが十分にうかがえる。

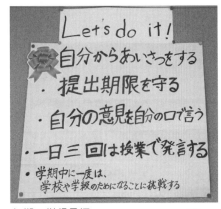
初期の学級目標

　目標の到達目標としては、生徒たちと話し合い、学級の80％の生徒が守れた場合に「目標達成」とすることに決めて取り組んだ。「花のシール」が目標達成の証である。

　しかし、「達成された目標」に変わる目標をどこに表示するのかまで考えずに一枚の模造紙に書いてしまったため、改善を加え、一つ一つの目標を分割し、達成された目標は、上部に動かすことを可能にしたのが右の写真である。達成した証の「花」についても「シール」ではなく、「立体的」なリボンに変わっている。

②進化した学級目標
　こうした学級目標のPDCAを回していくことで、生徒たちも3年生になり、随分成長してき

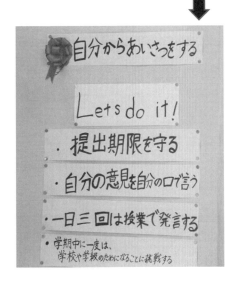

第3章 「学校経営マンダラート」からみる嶺北中学校の実践

た。目標についても、教員が何も言わなくても、「学校教育目標」や「嶺北スピリット」「嶺北ACT」などを意識し、到達可能で具体的な目標設定ができるように育ってきた。また、目標達成の喜びを味わうことで、「スモールステップ」で目標を考えるようになってきた。次の写真が、3年生になってから現在まで取り組んでいる学級目標である。ここにも、進化の跡が見てとれる。

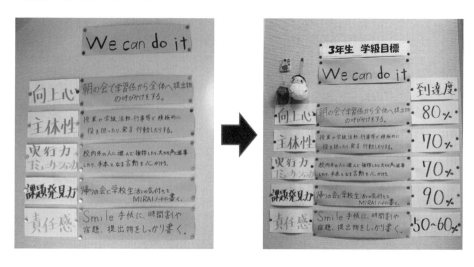

この写真を見るだけで、2年生の時からの成長の跡が伝わるであろう。

左が4月のもの、右が5月のものである。スローガンは、「We can do it」である。

まず、目標が短絡的なものではなく、具体の行動目標まで記されている。そして、各目標の左には、「嶺北ACT」の資質・能力が示されている。こうした工夫があるだけで、生徒たちは、日ごろから「嶺北ACT」を意識することになる。

また、月に一度は点検・評価しているのだが、こうした評価が生徒たちの目に触れるように、目標の右側に現在の到達度を「定量化」して示している。これを数値で見せることで、目標が意識化され、意欲につながっていく。

また、この学級では、後方の掲示板に、「2年生のときにがんばったこと」として昨年度の目標を掲示し、自分たちの学級の「がんばりの軌跡」を視覚化して示している(右写真)。そして、「続けてがんばること」として、まだ達成されていない目標を掲示している。

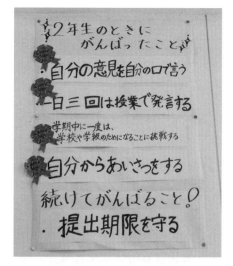

このことを受けて、4月の学級目標ができあがったのだろう。なぜなら、3年生の4月に作成された学級目標には、一番目に「嶺北ACT」の「向上心」として、「朝の会で学習係から全体へ提出物の呼びかけをする」という「提出物」に関す

6 「学級」のカリキュラム・マネジメント

る目標が、2年生の時よりもっと具体的な行動目標として示されているからである。目標の文言一つとっても、成長の跡が見てとれる。

これが、「進化・発展する学級目標」と名付けた理由である。目標は、短期間で「創り、動かし、変えて」いかなければ、組織としての成長は見られない。「1年間取り組んでみたけれど……」といった1年というスパンは長すぎるように思う。

(3) 生徒が作る「学級目標マンダラート」

右の写真は、同じ3年生が4月から取り組んでいる「学級目標マンダラート」である。

中心の「Mission」には、3年生らしく、進路を意識した「全員合格」と学級のスローガンである「We can do it」を入れている。

上段には、「学校経営計画」を受けての学級到達目標である「知」「徳」「体」を配している。

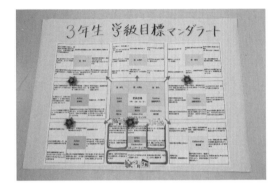

中段・下段には「嶺北ACT」の要素である「主体性」「向上心」「実行力」「コミュニケーション力」「責任感」「課題発見力」を並べている。一つの枠の中に、「実行力」と「コミュニケーション力」の二つを入れて作っていることも、生徒らしい柔軟な発想で、非常に興味深い。

また、「赤い花」で示している箇所が、先ほど (p.136参照) の学級目標である。マン

知 学力	徳 人間力	体 体力
Action 主体性	全員合格 ～We can do it～	Thinking 課題発見力
Action 向上心	Action 実行力 / Collaboration コミュニケーション力	Collaboration 責任感

日々の授業を大切にし、積極的に班活動に参加するとともに、友達や先生に聞いて内容を理解する	提出物を提出期限内に出す	検定に積極的に挑戦する
常に身のまわりのことに関心をもち、よりよい方法を考える	知 学力	家庭学習を毎日続け、最低120分以上する (教科の偏りがないようにする)
自分の意見や考えを自分の言葉で自信をもって表現する	学習で学んだことや気付いたことを、他の学習や生活のなかで活用する	異なる意見から得た気付きを生かして、考えを深める

人に優しく、自分に厳しくする (困っているときは支え合い、自分の目標)	自分の言動に責任をもつ	自分からすすんで挨拶をする
学校内のボランティア活動に学期中1回は挑戦する	徳 人間力	人の努力を肯定的に評価し、励まし合う
面接に向けて、身だしなみを整える	面接に向けて、一問一答ではなく、文で会話をする	ポジティブな言動を心がける

給食を残さずに食べる	部活動に最後まで全力で励む	体育の授業に真剣に取り組む (声、関わり合い、技能向上)
睡眠をしっかりとる (7～8時間)	体 体力	1日1回は運動をする (部活動引退後、休日など)
登校前に必ず朝食をとる	なるべく、自転車や徒歩で通学する	風邪などの体調不良にならないよう、体調管理に気をつける

ダラートの中に、学級目標を示すことで、自分たちが作った学級目標の位置付けがより明確になっている。

「知」の「学力」では、「家庭学習を毎日続け、最低 120 分以上する」「日々の授業を大切にし、積極的に班活動に参加するとともに、友達や先生に聞いて内容を理解する」「学習で学んだことや気付いたことを、他の学習や生活のなかで活用する」「検定に積極的に挑戦する」といった進路を控えた 3 年生らしい戦略が並んでいる。

「徳」の「人間性」では、「面接に向けて、身だしなみを整える」「面接に向けて一問一答ではなく、文で会話をする」「自分の言動に責任をもつ」「人に優しく、自分に厳しくする」「ポジティブな言動を心がける」といった、ここでも高校入試の面接を見据えた行動目標や、「社会人基礎力」として必要な「人間性」を意識した目標が立てられている。

「体」の「体力」では、「風邪などの体調不良にならないよう、体調管理に気をつける」「1 日 1 回は運動をする」「睡眠をしっかりとる」「登校前に必ず朝食をとる」といった、中学校最終学年として基本的な生活習慣を定着させることや、部活動を引退した後、高校入試までの体調管理についてまで考えていることが読み取れる。

「Action」の「主体性」では、「授業や学級活動、行事等で積極的に役を担ったり、発言・行動したりする」「3 年生として、様々な場面で 1・2 年生の手本となる言動を心がけ、先輩として引っ張っていく」「学校内外の人にすすんで挨拶したり、大きな声で返事したり、手本となる行動をとったりする」といった、下級生の「手本」となるよう、最終学年としての自覚やリーダーシップが感じとれる。

同じく「向上心」では、「自分の進路実現に向けて、できていないことを一つでも多く

すすんで家事を手伝う（高校へ行っても困らないよう）	授業や学級活動、行事等で積極的に役を担ったり、発言・行動したりする	教科の先生に、放課後学習をお願いする（受験に向けて）		宿題を家で確実にする	朝の会で、学習係から提出物の呼びかけを行う	提出期限を守る
3年生として、さまざまな場面で1・2年生の手本となる言動を心がけ、先輩として引っ張っていく	Action 主体性	計画性をもって行動する		自分の目標に向かって、自分の力で宿題を終わらせる	Action 向上心	苦手なことや難しいことから逃げず、やると決めたことを最後までやり遂げる
一つ一つの取組に目標をもち、それを達成しようと努力する	学校内外の人にすすんで挨拶したり、大きな声で返事をしたり、手本となる行動をとったりする	取材や試食を通して知った商品や嶺北の魅力を一人でも多くの人に知ってもらえるよう発信する		自分の進路実現に向けて、できていないことを一つでも多くできるようにしようと努力する	話し合いの場面で積極的に意見を出し合い、より良い方向へ向かおうとする	学びを通して得られた知識や情報をもとに、地域のために貢献しようとする
商品の良さを伝えるために、生産者の方に聞いたり、自分たちが調べたりして、いろいろな人に伝える	学校内外の人にすすんで挨拶したり、大きな声で返事をしたり、手本となる言動を心がける	合唱コンクールで最優秀賞をとる		体育祭のリーダーや係の役割を最後までやり遂げる	Smile手帳に、学習計画や時間割、宿題や提出物をしっかり書く	サニーマート研修の目標達成に向けてやり遂げる
サニーマートなどで挨拶をするとき、笑顔で挨拶をする	Action 実行力 / Collaboration コミュニケーション力	さくらプロジェクト発表会で、聞こえやすい声でハキハキと発表する（腹式で）		学級の係の仕事を忘れない	Collaboration 責任感	Smile手帳に書いた一週間の目標を達成できるよう、自分で責任をもって努力する
面接で、相手の目を見て自分に自信をもって話すようにする	クラスマッチで声をかけ合って励まし合う	全員合格するために、毎日しっかりと勉強する		時間を守る（登校時間、提出期限など）	誰かを傷つけたり、勘違いや誤解を招いたりすることがないよう、自分の言動に責任をもつ	失敗を他の人やもののせいにしない

6 「学級」のカリキュラム・マネジメント

できるようにしようと努力する」「苦手なことや難しいことから逃げず、やると決めたことを最後までやり遂げる」「話し合いの場面で積極的に意見を出し合い、より良い方向へ向かおうとする」といった項目が挙げられており、自分自身を高めていこうという意識がうかがえる。

提出物を期限までに出す（Smile手帳に持ち物を欠かさず書き、忘れ物を減らす）	帰りの会で、学校生活での気づきをMIRAIノートに書く	人に任せきりにせず、自分から進んで行動する
授業中の態度を改める（寝ない、前を向いて真剣に授業を受ける）	Thinking 課題発見力	決められたことや自分で決めたことを最後までやり遂げる
受験に向けて自分の苦手な教科を克服する	社会で起きていることや日常生活で疑問に思うことに目を向け、自分なりの考えをもつ	自分の目標を達成するために、今できていないことや不十分なことに気付く

「Action」と「Collaboration」の混じった「実行力」「コミュニケーション力」では、「さくらプロジェクト発表会で、聞こえやすい声でハキハキと発表する」「サニーマートなどで挨拶をするとき、笑顔で挨拶をする」「クラスマッチで声をかけ合って励まし合う」「合唱コンクールで最優秀賞をとる」といった、中学校最後の学校行事にかける意気込みが伝わってくる。

「Collaboration」の「責任感」では、「誰かを傷つけたり、勘違いや誤解を招いたりすることがないよう、自分の言動に責任をもつ」「Smile手帳に書いた一週間の目標を達成できるよう、自分で責任をもって努力する」「体育祭のリーダーや係の役割を最後までやり遂げる」といった中学校最終学年としての自覚と責任が感じられる。

「Thinking」の「課題発見力」では、「帰りの会で、学校生活での気づきをMIRAIノートに書く」「自分の目標を達成するために、今できていないことや不十分なことに気付く」「社会で起きていることや日常生活で疑問に思うことに目を向け、自分なりの考えをもつ」といった、社会と自分との関わり、社会と学校生活との関わりに目を向け、中学校卒業後に必要な「課題発見力」とは何かを探ろうとしている姿が読み取れる。

全体的に見て、目標が曖昧でなく、具体的な行動目標になっており、さすが3年生が作った「学級目標マンダラート」と言える。生徒たちが自分たちで作った「学級マンダラート」だからこそ価値があるのである。高く評価したい。

7 部活動での「マンダラート」の活用

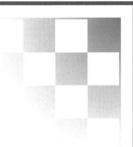

●POINT
・部活動の目標設定には、「マンダラート」が最適。
・「マンダラート」は、生徒や教員の「やる気」「動機」「熱意」に火を灯し、「本気」にさせる魔法のツールである。

「マンダラート」は、大谷翔平選手のようにスポーツにおいて活用しやすいツールでもある。次に示すマンダラートは、本校のソフトボール部員が、高知県大会を勝ち抜き、全国大会に出場するために、1学期にどんなことに取り組んでいけばよいかということを、部員全員で話し合い、作成したものである。

次に示すのは、同じ部活動の顧問である採用2年目の教員が、「生徒たちを全国大会に連れていく」ために、顧問として何をどうしていけばよいかを考え、作成した「マンダラート」である。

生徒が作った「必勝マンダラート」では、上段の三つが「守備力」「走塁」「バッティン

必勝マンダラート（ソフトボール部生徒）

正面で捕る	ラン付きノック	指示を正確に	走り方	体力	スパイクの手入れ	フライを上げない	サインを見る	バントを決める
相手の胸に投げる	守備力	コミュニケーションをとる	次の塁をねらう	走塁	走り込み	素振り毎日50回	バッティング	バスターを決める
両手で捕る	ポジティブ思考	常に次のプレーを考える	ウォーミングアップをする	全力で走る	スライディング	自分の得意なコースを作る	研究する	ポイントを前にして打つ
応援してくれた人に感謝	自分から進んで挨拶する	道具を大切にする	守備力	走塁	バッティング	仲間を励ます	感情的にならない	しんどいことから逃げない
マナーを守る	礼儀	言葉遣い	礼儀	全国大会出場	メンタル	冷静な心を持つ	メンタル	自信を持つ
思いやり	友人関係を大切にする	時間を守る	体づくり	運	学校生活	継続力	目標を持つ	最後まであきらめない
3食きちんと食べる	柔軟性	走り込み	本を読む	楽しむ	笑顔	校則を守る	提出物はきちんと出す	給食を残さず食べる
筋トレをする	体づくり	体幹を鍛える	ゴミ拾い奉仕活動	運	プラス思考	表現力を上げる	学校生活	授業に集中する
体のケア	十分睡眠をとる	水分補給	部室の掃除	気持ち良い挨拶	審判さんへの礼儀	物を大切にする	積極的に発表する	トイレのスリッパを揃える

グ」といった技術面、中段・下段が「学校生活」や「体づくり」といった日常生活、「メンタル」「運」「礼儀」といった精神面の内容で構成されている。

一方、教員が作った「部活動経営マンダラート」では、「戦術」「チームワークとディシプリン」「目標・憧れ」「心づくり」「身体づくり」「個人技術」といったチーム力・技術力を高めるための方策でほとんどが埋め尽くされている。唯一「タイムマネジメント」として、教員として自分自身の時間管理、働き方に触れていることが興味深い。

この二つの「マンダラート」を見ていると、同じ「Mission」で「マンダラート」を作成したとあって、生徒・教員の内容はとても似かよったものになっている。

生徒たちは、部員全員でこのマンダラートを作成していったことで、「県大会を勝ち抜き全国大会に出場するにはどうやって努力していったらよいだろうか」「現在のチーム力を向上させ、県大会を勝ち抜くために何が必要なのか」ということを真剣に考え、チームとしての方向性を共有し、具体の行動に移せていけたのではないだろうか。

2年目の教員にとっても、「生徒たちの熱い思いに応えるために、顧問としてどうするか」という問いに、本気で向き合えたのではないだろうか。

「マンダラート」というツールは、生徒や教員の「やる気」「動機」「熱意」に火を灯し、「本気」にさせる魔法のツールなのである。

部活動経営マンダラート（ソフトボール部顧問）

練習は常に明るく	部室の清掃	チームのルールや方向性を示す	頭はクールに心は熱く	気持ちのいい挨拶の徹底	スパイクの手入れ	スモール・ステップの目標	長期的な目標	上手いプレーや動画を見る
声でチームを盛り上げる	チームワークとディシプリン	準備・片付けは全員で行う	ほめて自信を付けさせる	心づくり	明確な目的を持つ	素振り毎日50回	目標・憧れ	強いチームから学ぶ
コミュニケーションをとる	悪口や暴言は禁止	ゲーム練習を増やす	思いやりのある行動の励行	感謝の言葉を伝えさせる	毎日のルーティンを決める	目標を部室に貼る	トップレベルの選手に習う	目標や夢は口に出させる
しんどいことは先にやる	TO・DOリストを見直す	部活動を見る時間を増やす	チームワークとディシプリン	心づくり	目標・憧れ	リズムトレーニング	ストレッチ	栄養指導
頼まれたことはすぐにやる	タイムマネジメント	朝早く起きて仕事する	タイム・マネジメント	全国大会出場	身体づくり	給食を完食する	身体づくり	体幹トレーニング
選手との会話の時間を増やす	体調管理に努める	スケジュールを早めに立てる	運	戦術	個人技術	クールダウン	3食きちんと食べる	ブラジル体操
ポジティブ思考	感謝の心	攻守の交代を早くする	守備重視	サインの徹底	バントなどの小技	アメリカンノック	キャッチボール	ラン付きノック
整理整頓	運	責任転嫁をしない	エンドランの練習	戦術	点を取った後の守備を集中	ロングティー	個人技術	試合形式
ジャッジに不平を言わない	道具を大切に扱う	一生懸命	タイムでの的確な指示	スクイズの練習	監督の考えを伝える	ベースランニング	股割・ゴロ練習	素振り

8 経営戦略としての学校関係者評価の活用

●POINT
・「学校評価」で大切なことは、PDCAを回すこと。
・「学校評価」もカリキュラム・マネジメントの一つ。みんなで創ることが大切。

　学校評価は、学校教育法に基づいて実施されており、第42条に「小学校は、文部科学大臣の定めるところにより当該小学校の教育活動その他の学校運営の状況について評価を行い、その結果に基づき学校運営の改善を図るため必要な措置を講ずることにより、その教育水準の向上に努めなければならない」（中学校準用）と規定されている。また、同法施行規則第67条には、「小学校は、前条第1項の規定による評価の結果を踏まえた当該小学校の児童の保護者その他の当該小学校の関係者（当該小学校の職員を除く。）による評価を行い、その結果を公表するよう努めるものとする」（中学校準用）と規定し、学校関係者評価を実施し、その結果を保護者や地域住民に公表することを求めている。

　学校評価の目的は、当該学校の教職員が、これまでの教育活動の成果と課題を確認するとともに、今後の改善策も含め、評価結果を保護者や地域住民に公表することにある。これは、各学校が説明責任を果たすことに外ならない。

　こう考えると、「P」で教育課程の編成、教育計画の策定、「D」で教育活動の実施・展開、「C」で教育活動の現状と点検・評価、「A」で成果と課題に基づいて改善策を考える、という点において、学校評価はPDCAそのものである。

　学校評価のメリットとして、①教育活動の改善、②教職員の意識改革、③保護者や地域住民の学校への協力、④教育委員会の支援の充実などが挙げられており、学校評価の活用については本校の学校経営戦略の大きな柱の一つと考えている。

　学校評価についても、管理職や教務主任が考えるもの、実施するものと受け止められがちだが、前述したとおり、これも「カリキュラム・マネジメント」の一部であり、「みんなで創り」、全校体制で取り組むことが大切なのである。

　次頁の表は、昨年度本校が評価いただいた「学校関係者評価」（座長：高知大学　岡谷英明教授）の結果である。「高い学力目標を掲げ、その目標をほとんど達成している」「各種検定合格者数の向上に向け、小学校と連携しようとしている」「嶺北中学校の特色がよ

8 経営戦略としての学校関係者評価の活用

くわかるパンフレットの作成や、HP の内容の充実により、学校の存在感を高めている」「明確な目的によって組織の求心力を高め、教職員全体も前向きに取り組んでいる点は評価に値する」などと、本校の取り組みを、非常に高く評価してもらっている。

平成29年度　本山町立嶺北中学校　学校関係者評価

1　学校経営目標　新しい社会の形成に向けて挑戦する生徒を育てる学校経営
2　学校教育目標　「社会人基礎力成」の育成
3　研究主題　　　基礎学力の向上と表現力の育成～キャリア教育の視点に立った探究的な授業の創造～

項目	重点目標（○）・取組（※）	○成果 ●課題	評価	改善策	学校関係者評価
基礎学力の定着・学力の向上	○「主体的・対話的で深い学び」の実現 ※「授業アンケート」の実施と検証・公開授業の実施 ○基礎・基本が確実に身についている生徒の育成 ※「嶺中八策」の実施と検証 ・標準学力調査で全ての教科で全国平均を5ポイント以上上回る。 ・全国学力・学習状況調査のA問題・B問題両方ともに全国平均を5ポイント以上上回る。 ・高知県学力定着状況調査は全教科、県平均10ポイント以上上回る。 ・各種検定合格者数の向上 【英語検定】中1（5級以上）90%以上、中2（4級以上）80%以上、中3（3級以上）70%以上 【漢字検定】中1（4級以上）70%以上、中2（4級以上）90%以上、中3（3級以上）80%以上	○3回の公開授業と11月には研究発表会を実施し、計214人の参加者があり、研究成果の発信を行うことができた。 ○「授業アンケート」を毎学期末に実施し、授業についての振り返りを重視したことで、授業改善につながった。 ○全国学力・学習状況調査では、国語Aで全国比+5.6、国語Bで+3.8、数学Aで+22.4、数学Bで+8.9といずれも全国平均を大きく上回ることができた。すべて平均しても+10.2と秋田・福井と並ぶところまで到達した。 ○県版学テでは、全教科平均するとも+5.8ポイント県平均を上回っている。 ●漢検、英検は、目標に少し届いていない。	A	○漢検、英検は目標数値の見直しが必要である。 ○研究指定が終わり、次のステージに上げるための戦略が必要である。 ○学力については、現在の右肩上がりの状態を維持するために、今後は、学校組織として取り組んでいく。 ○漢検、英検については、小学校との連携を図るとともに、目標数値の見直しが必要と考える。 ○Smile手帳を活性化し、セルフマネジメント力の向上を図り、家庭学習の充実につなげていく。	○3年間の探究的な授業づくりの研究で大きな成果をあげている。 ○高い学力目標を掲げ、その目標をほとんど達成している。 ○各種検定合格者数の向上に向け、小学校と連携しようとしている。
豊かな心の育成	○郷土に誇りをもち、郷土の発展に努めようとする生徒の育成 ※「総合的な学習の時間」の内容の充実 ○他人を思いやる心や感動する心、感謝の気持ちを持つ生徒の育成 ※「考え、議論する道徳」の実施 ※「魅力ある学校行事」の創造 ・道徳アンケートで「いじめはどんな理由があってもいけない」という項目で肯定的評価80%以上 ・「総合的な学習の時間」で育った学力についての調査において、全ての項目で肯定的評価80%以上 ・学校生活アンケートで「学校が楽しい」という項目100% ・「表現力アンケート」の全項目で肯定的評価を80%以上	○総合的な学習の時間の授業を全学年公開することで、総合的な学習に関する教員の意識が高まり、生徒の郷土愛や探究心が高まった。 ○「嶺北スピリット」や「嶺北ACT」を生徒に意識化するようカリキュラム・マネジメントを実施したことで、道徳心の育成につながった。 ○「総合的な学習の時間で育った学力についての調査」「学校生活アンケート」「表現力アンケート」の調査結果は、ほとんどの項目で目標値をクリアできた。	A	○総合的な学習の時間については嶺北中学校の「売り」の部分でもあるので、ステップアップすることで、内容の充実・発展に努める。 ○学校目標を中心に学校経営や教科経営、生徒会経営、部活経営など、ベクトルを合わせ、カリキュラム・マネジメントの充実に努める。 ○表現力アンケートにおける「発表することが得意である」という項目の数値が上がるよう、表現の場の設定に努める。	○総合的な学習の時間（さくらプロジェクト）の内容が充実し、他校には見られないほど、総合的な学習の時間への生徒及び教員の意識が高い。 ○卒業式やさくらプロジェクトでの生徒のようすがすばらしいと評価されている。 ○育てたい資質能力が嶺北アクトとしてまとめられ、アクトを実現するための方法が系統的に配置されるなど、マネジメントが成功している。 ○生徒が自らの表現力に徐々に自信を持つようになっている。今後は表現力を数値として評価できるような研究も進めていけば、さらに注目されると考える。
健やかな体の育成	○基本的な生活習慣が定着している生徒の育成 ※保健便りの発行、フッ素洗口の実施 ・生活アンケート「毎食後歯みがきをしている」生徒の割合80%以上 ○体力・運動能力の向上 ※小学校への啓発、体育授業の工夫改善 ・新体力テストにおける自己記録の更新と全国平均との差5%以内	●生活アンケート「毎食後歯磨きをしている」の割合は、2回平均で約40%と低い。 ○新体力テストでは、2・3年生女子と、2年生男子で目標は達成した。一部の項目で全国平均に達していないが、全体的には向上している。	B	○運動が苦手という状態で中学校に入学してくる生徒も多く、今後は小学校とも連携を図りながら、体力向上策を探っていく。 ○家庭の教育力の向上に向けて、今後は、保健便り等を活用し、基本的な生活習慣の定着に向け、家庭への啓発に努めていく。	○改善策にすでに挙げられているが、保健衛生への意識の向上や体力の向上に向けてさらに保育所や小学校との連携を図ってほしい。
連携活動	○家庭・地域との連携 ※学校便り、ホームページの更新などの充実 ○中高一貫教育の発展と質的内容の向上 ※中高一貫行事の見直しと検討 ○保中連携・小中連携の推進 ※中学校教員の出前授業の実施	●学級だよりなどの発信が少なかった。 ○ホームページでは、様々な発信をすることができ、外部からも高評価を得ることができた。 ○嶺北高校への進学率も60%を超えた。 ○小学校への出前事業も実施し、高評価を得た。	B	○来年度は、学級だよりの発行回数を増やしていく。 ○ホームページについては、継続して内容の充実を図っていく。	○数学・算数という教科を通じて、内容の充実した小学校との連携をはかっている。したがって、この欄はA評価でもよいのではないか。 ○嶺北中学校の特色がよくわかるパンフレットや、HPの内容の充実により、学校の存在感を高めている。 ●今後は英語や国語あるいは英検や漢検でも小中を見通した連携を進めていっていただきたい。
学校運営全般	○教育内容の継続と新たな取組 ※研究指定校としての先導的な研究実践 ○県内外から視察等のある学校の実現 ※ホームページや書籍・発表等による積極的な情報発信 ○問題行動・不登校への対応 ※問題行動等の未然防止と早期対応 ※関係機関等との連携と有効活用 ○「カリキュラム・マネジメント」の視点による学校改善 ※学校教育目標実現に向けての組織的な取組 ○「社会に開かれた教育課程」の実現 ※新パンフレットの作成と啓発	○研究指定校として情報発信に努めた。今年度は、東京、滋賀、三重、熊本、広島県からも講師として招聘され、本校の実践を紹介することができた。また、「新教育課程とこれからの研究・研修」や「教育展望」「教育新聞」などへも本校の取組が掲載された。 ○広島、滋賀、沖縄、島根、熊本、長野、鹿児島等、県内外から多くの方が視察に来た。 ○「カリキュラム・マネジメント」の視点での学級経営まで取り組みの範囲を広げることができた。 ○新パンフレットについては高評価を得た。	A	○県内外から注目をされている学校として、授業改善、総合的な学習の時間の充実など、今までの研究内容の継続はもとより、今後は「評価研究」など新しいことにも挑戦していく。 ○「頼まれたことはすべて受ける」という前向きな姿勢で今後も取り組んでいく。 ○来年度は、若年教員が増えることから、研究が継続するようにPDCAを回していく。	○明確な目的によって組織の求心力を高め、教職員全体も前向きに取り組んでいる点は評価に値する。 ○目標とする資質能力を達成するためのカリキュラムを、学校の中にうまく構築し、教員のやる気を引き出している。 ○書籍や雑誌、講演などを通じて嶺北中学校の取り組みが紹介され、それによって視察が増えるなど、学校の存在感を高めているこの欄の評価はSでもよいのではないか。

第3章　「学校経営マンダラート」からみる嶺北中学校の実践

9 スタートカリキュラムとしての「コミュニケーションキャンプ」

●POINT
・人間関係づくりを意図した体験活動は、「諸刃の剣」の危険性も含んでいる。
・「思い」を「カタチ」にしていくことが、「カリキュラム・マネジメント」の原点。
・中学校でも、高等学校でもスタートが肝心。
・「体験活動」ではなく、「体験学習」にしていく。

1　スタートカリキュラムとは

　一般的には、「スタートカリキュラム」とは、幼児教育から小学校教育への円滑な接続を大切にした第1学年入学当初のカリキュラムのことを意味している。

　2015（平成27）年1月に発行された「スタートカリキュラム　スタートブック」（文部科学省）では、「小学校に入学した子供が、幼稚園・保育所・認定こども園などの遊びや生活を通した学びと育ちを基礎として、主体的に自己を発揮し、新しい学校生活を創り出していくためのカリキュラム」と「スタートカリキュラム」が定義されており、このことは、新学習指導要領の中でも次のように示されている。

> 　特に、小学校入学当初においては、幼児期における遊びを通した総合的な学びから他教科等における学習に円滑に移行し、主体的に自己を発揮しながら、より自覚的な学びに向かうことが可能となるようにすること。その際、生活科を中心とした合科的・関連的な指導や、弾力的な時間割の設定を行うなどの工夫をすること。
>
> （小学校学習指導要領　生活）

　しかし、こうした校種間の接続期の問題は、決して小学校に限ったことではない。保育園や幼稚園から小学校という新しい環境になじめない「小1プロブレム」。小学校入学直後、遊びから学びへと生活の中心が変わり、①授業中椅子に座ってじっとしていられない、②先生の話が聞けない、③集団行動がとれない、などといった多くの問題が顕在化するようになった。中学生になると、部活動が始まり、①思春期という精神的な不安定さ、②先輩後輩という人間関係への対応、③いじめ等の深刻化、④異なる小学校出身者同士の人間関係の再構築、⑤学習内容の難易度の上昇、⑥高校入試による学習ストレスの増大、

などにより学校に行けなくなるという「中1ギャップ」も表面化してきた。また、最近では、高等学校進学後、学習や生活面での大きな環境変化に適応できずに、生徒が不登校に陥ったり、退学したりする「高1クライシス」なども問題になっている。

本校も、例外ではない。主に町内の2校の小学校から生徒が入学してくるのだが、学校生活や友人関係等にうまくなじめず不登校や学力低下に陥る生徒も少なからず見られる。

そこで、本校では、こうした現象を解消するために、中学入学時の早期に、人間関係づくりに焦点を当てた集団宿泊学習を実施し、「中1ギャップ」の解消に向けて取り組んできた。

「集団宿泊学習」や「集団宿泊訓練」といった名前では、どうしても「やらされ感」や「しつけ」「トレーニング」といったネガティブなイメージにつながってしまう。せっかく夢や希望を抱いて中学校に入学してくる生徒たちに、少しでも楽しそうなイメージを抱いてもらうような名前にしたいと考え、ALTに相談をもちかけたところ、アイデアを出してもらい、「コミュニケーションキャンプ」と名付けることとした。

2　コミュニケーションキャンプのねらい

宿泊体験学習を行っただけで、生徒の人間関係やコミュニケーション能力が高まると考えている教員もいるが、宿泊体験学習は実施時期や内容、指導方法など、一歩間違うと、人間関係の悪化やいじめにつながるといった「諸刃の剣」のような危険性も含んでいる。

そこで、国立青少年教育振興機構や国立室戸青少年自然の家などに協力いただきながら、「楽しかった」だけで終わるのではなく、次のねらいをもった「価値ある体験活動」としての2泊3日のプログラムを立案していくこととした。

[コミュニケーションキャンプのねらい]

> ①　安心して中学校生活をスタートし、集団の中で自己の能力が十分発揮できるような学級としての基盤を創る。
> ②　学級の一員としての自覚をもち、主体的・協働的に活動できるような学級集団の基盤を創る。

3　2泊3日のカリキュラム・マネジメント──「思い」を「カタチ」に

(1) 学校の「思い」（目的）

この宿泊体験学習を企画するに当たり、運営委員会を開催し、管理職や運営委員の「思い」を確認し、幹部でまず共通理解を図った。そこで出された意見は次のとおりである。

- 「中1ギャップ」にならないよう、中学校生活の良いスタートを切らせたい。
- 異なる小学校出身者が混じり合う中で、生徒同士のより良い人間関係を築かせたい。
- 教師と生徒のより良い人間関係を築いていきたい。
- 学級の集団の一員として認め合える、温かい学級風土の基礎を築きたい。
- 集団生活を通して、「嶺北ACT」にある「協調性」「責任感」「コミュニケーション力」を高めていきたい。

(2)「思い」に対する教員の当初の反応

　管理職や運営委員の「思い」をもとに、職員会でこうした取り組みを始めることを提案した際の他の教員の反応は、あまり好感触ではなく、次のような反対意見も出された。
- 今でさえ学校行事が多忙なのに、これ以上行事を増やす必要があるのか。
- 1泊2日ではなぜだめなのか。なぜ、2泊3日なのか。
- 4月は部活動の試合もあり、3日間も練習ができないのはどうか。
- 4月当初の学校行事は、準備が慌ただしく、3日間という期間は教員の負担が大きい。

　いずれの意見も「目的」を見失っていて、「やらない理由・やれない理由」を挙げて反対しているに過ぎない。

　新しい中学校学習指導要領「特別活動」では、集団宿泊学習は「旅行・集団宿泊的行事」に位置付けられ、「平素と異なる生活環境にあって、見聞を広め、自然や文化などに親しむとともに、よりよい人間関係を築くなどの集団生活の在り方や公衆道徳などについての体験を積むことができるようにすること」と、学校を離れた非日常での活動の有効性が示されている。

　また、国立青少年教育振興機構が実施した「青少年の体験活動等に関する実態調査（平成26年度調査）」でも、「自然体験や生活体験、お手伝いといった体験が豊富な子供や、生活習慣が身についている子供ほど、自己肯定感や道徳観・正義感が高くなる傾向がある」という結果が出ており、そうした体験活動の有効性などの情報提供を積極的に行いながら、教職員への理解を図っていった。

(3)「体験活動」を「体験学習」にするためにプログラムをデザインする

　「体験活動」から「体験学習」にしていくためには、「体験活動」に目標達成のための「指導方法」を加えて、活動をプログラミングしていくことが大切である。

　教科指導でも、「教材」に「指導方法」を加えることで、生徒の「学び」につなげているは

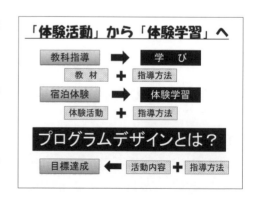

ずである。

「やらせっぱなしの体験活動」から、「生徒にとって学びのある体験学習」へとプログラムデザインをする力が教員には求められているのである。

「体験活動」を「体験学習」にするために、指導方法として「プロジェクトアドベンチャー」(心の冒険教育)の手法を取り入れている。「プロジェクトアドベンチャー」プログラムは、アメリカで開発された「体験学習プログラム」で、「教える」より「気付き」といった「感情」(心の動き)を大事にしながら行動や態度の変容を期待するもので、近年では多くの学校現場でも取り入れられている。

(4)「活動」と「活動」をつなぐ

本校の2泊3日の日程では、右のように、大きく分けて七つの活動を組み合わせてプログラミングしている。全体をプログラミングする際に大切なのは、一つ一つの活動が単独の活動で終わるのではなく、それぞれの活動や時間を「つなぐ」ことであり、この点においては、教員の「カリキュラム・マネジメント力」が求められてくる。さらに、2泊3日を1時間の授業と見立て、学習指導案のように、「導入」(1日目)で興味・関心をもたせながら、どのような「山場」(2日目)を設定し、どう「終末」(3日目)につなげるかという「プログラミング力」も求められる。

さらに、3日間の流れに加えて、「事前の学校での活動」と「事後の学校での活動」をつなぐことも忘れてはならない。事前に、生徒や教員に対してどのような取り組みを行うのか、事後の学校生活にどのように活かしていくのか(日常化)といった、「学校生活」と「宿泊体験学習」を「つなぐ」といった視点も大切なのである。

1年目より2年目、2年目より3年目とPDCAサイクルを回し、年々改善を加えながら、現在のプログラムができあがっている。

2泊3日のモデルプログラム

1日目午後　室戸岬探勝

学習指導要領に書かれている「自然や文化などに親しむ」体験として、「室戸岬探勝」を最初の活動に位置付けている。ユネスコ世界ジオパークにも指定されている高知県を代表する観光スポットである室戸岬なのだが、本校から室戸岬までは約110km離れていて、実際に室戸岬を訪れた経験のある生徒は少ない。そこで、「室戸世界ジオパークセンター」を訪れ、室戸の大地の成り立ちや、そこでの人々の暮らし、歴史、文化などについて学習

し、その後「岬探勝」を行い、地球が生きている証拠を実際に見て、触れる体験を行っている。

1日目夜　オリエンテーリング「MIRAIノートの使い方」

本章p.124で示した「知のツールBOX『MIRAIノート』」について、1年生全員でその活用の仕方を学ぶ。また、ここでの活動の「振り返り」を、この「MIRAIノート」を使って行うことを伝え、実際に1日目の「振り返り」を行い、「嶺北ACT」にある「課題発見力」を高め、明日の活動へとつなげていく。

2日目午前　カレーオリエンテーリング

単なるオリエンテーリングではなく、昼食の「野外炊事（カレーづくり）」につなげるため、「ご飯」「野菜」「肉」「カレーのルー」のカードを持った教員が4つのポイントに立ち、各班で時間を競うことで、「嶺北ACT」にある「協調性」や「コミュニケーション力」を育てていく。

2日目になると人間関係も深まり、「カレーオリエンテーリング」という自然のなかの開放感も重なって、このころから、今まで我慢していた人間関係の問題などに徐々に耐えられなくなり、班内の友人同士が衝突する場面も見られてくる。

こうした班内でのトラブル等については、頭ごなしに叱るのではなく、「どうしてこうなったのか」「集団の一員としてどうあるべきなのか」「みんなが楽しく過ごすためにはどうするべきか」といった生徒の感情（心の動き）に働きかけるような指導を大切にしている。

2日目昼　野外炊事（カレー作り）

各班5～6人で調理するため、準備や片付けにおいては、一人一役仕事がある。班員同士で協力しながら人間関係を深めていくことで、「嶺北ACT」にある「コミュニケーション力」や「責任感」を育成していく。

2泊3日の活動の「山場」（クライマックス）に「野外炊事」を位置付けているのは、「野外

カレー作り

炊事」という活動は、生徒の興味・関心も高く、準備から片付けまで協力しなければ成立しない活動であり、こうした目的を達成するための最適な活動と考えたからである。

各自が力を合わせ、一つのものをつくり上げることで、「仲間っていいな」「協力っていいな」といった「協調性」や「コミュニケーション力」を感じてもらい、合わせて「自分もけっこうやるな」といった自尊感情も高めてほしいと願っている。

2日目午後　アクティビティ

参加者同士の抵抗感をなくすことを目的とし、2人以上で行うアクティビティを使って、コミュニケーション力促進のためのグループワークを行う。2人組、3人組と人数を増やしながら、最後は学級集団全体に広げることで、「嶺北ACT」にある「協調性」や「実行力」の向上を図ることをねらいとしている。

アクティビティ

2日目夜　キャンドルファイア

2日間を「振り返り」、幻想的なキャンドルファイアにするとともに、これからの学校生活につながるよう、集団としての意識の涵養を図る。

非日常の中で、みんなで蝋燭の炎を囲んで語り合うこの時間は、まさしく学級としての一体感が生まれる瞬間でもある。

3日目午前　「学級旗づくり」（学級の指針づくり）と「振り返り」

「学級旗」というツールを使い、より良い学級にしていくため、学級全員で達成したいスローガンを決定し、各自がそのスローガンの下、学級の一員として今の自分に何ができるかを考え、具体的な行動指針を書き込んでいく。そして、ここで作成した学級旗は、学校の教室に持ち帰り、常に掲示することで、意識の継続化につなげていく。

この活動を最後（3日目）に位置付けたのは、これからの学校生活につなげたいという意図からである。3日間を通して、「集団」ということに焦点を当てた活動を多く設定したことで、生徒たちの意識はかなり高まっている。

みんなの思いや願いとしてせっかく書かれたものが、この時だけの思い出の掲示物になっては何にもならない。けんかやちょっとしたトラブル、学校行事や様々な場面が起こったときは、この学級旗を活用し、最初のみんなの「思い」を再認識させるよう役立てている。

4　課題と今後の展望

この取り組みだけで、「中1ギャップ」がすべて解消されるとは考えていないが、この取り組みを4月に実施していることが、嶺北中学校の1年生の円滑なスタートにつながっていることは確かだと感じている。また、当初の目的として掲げた「教師と生徒のより良い人間関係」「温かい学級風土」の構築にも大きく寄与していることは間違いない。

また、当初、不平不満を述べていた教員も、この宿泊体験学習を終えた後の生徒の様子や学級の成長した姿を実際に目にすることで、スタートカリキュラムとしての「コミュニ

第3章 「学校経営マンダラート」からみる嶺北中学校の実践

ケーションキャンプ」の価値を認識し、異を唱えることはなくなった。

今後においても、体験活動を「価値ある体験活動」にするために、次の2点に留意していきたいと考えている。

① 体験活動のねらいを明確にし、最も効果が上がるようにプログラムを「どう組み立て、どうつなげるか」を工夫していく。
② 実施前・実施後の「学校生活」と「宿泊体験活動」をつなげて考える。

一方、課題としては、中学校の場合、学年団で上の学年に持ち上がっていくため、取り組みの趣旨や目的について、教員の意識を継続していくのが難しい面がある。そのためにも、全教職員に対して事前学習会や事後報告会を実施し、教員全体でこの取り組みの共通理解を図っていくことが大切と考えている。

「中1ギャップ」「小1プロブレム」「高1クライシス」といった言葉が出現してきた要因としては、校種間の接続期における「環境の変化」や「人間関係によるストレス」等が考えられる。本校のような中高一貫教育校の場合、中1のスタート段階での「つまずき」は、6年間の「つまずき」につながってしまう。そうした生徒を一人でも救いたいと思って始めた取り組みであったが、今年で6年目を迎え少しずつ軌道に乗ってきた。

こうした教員の「思い」を「カタチ」にする営みこそが、「カリキュラム・マネジメント」の原点と言えるのではないだろうか。

流しそうめん風ボール流しリレー

ヘリウムリング

おわりに

　猛烈な暑さが続く。地球環境の大きな変化を予想させられる。酷暑、猛暑、炎暑、厳暑、極暑、烈暑、激暑、大暑、盛暑、熱暑、甚暑などといった言葉があるが、今年の暑さは、どの言葉が当てはまるのだろうか。

　(株) ぎょうせいから、執筆のお話をいただいたのが6月下旬。ありがたいお話だと快く引き受けたものの、7月21日から42日間の夏休み期間で書き上げなければならない。

　まさに、私の「PDCA力」「カリキュラム・マネジメント力」が試されている。

　様々な講演の場で、「PDCA」を回すためには、「計画」が大事であり、「『高さ』と『早さ』の3段階のスモールステップ」で目標を立てることが大切、と言ってきたことが、自分に試されているのである。約束が守れない、できないとなると、私が書いてきた、第1章や第2章は全く説得力の無いものになってしまう。

　そこで、私は、7月下旬までに第1章、8月中旬までに第2章、8月下旬までに第3章という目標設定で取り掛かることにした。さらに、本校教職員にも、この夏休み中に休暇を使って「嶺北中学校のこれまでの取り組み」を一冊の本にまとめ上げると宣言することで、弱い自分にプレッシャーをかけ、取り掛かった。

　しかし、実際に書いてみると、自分の文才の無さがゆえに、いくら書いてもいっこうに筆が進まない。また、書き終えた部分を読み返すと、再度加筆修正したくなり、そこで時間がかかってしまう。行きつ戻りつを繰り返しながら、松下幸之助さんの言葉の如く、一歩一歩、牛歩であっても進んでいかなければ終わらないと心に言い聞かせ、何とか書き上げたのが本書である。

　しかし、決して私一人の力でここまで来られたわけではない。様々な講師の先生方から様々なお知恵をいただき、そうした教えを本校教職員が真摯に受け止め、前向きに研究に取り組んできた賜物だと感じている。

　「子どもたちの未来のために」「子どもたちの笑顔のために」という教職員の「思い」を「カタチ」にする営みこそが、「カリキュラム・マネジメント」の原点である。そうした本校の教職員の「思い」を、拙著の中で「カタチ」にできているかどうか甚だ不安な部分はあるが、少しでも他校の先生方の参考になれば幸いと願っている。

　私にとっては、執筆活動に追われる「処暑」ならぬ「書暑」となり、忘れられない「熱い夏」となった。

　「教師の『思い』があれば学校は変わる。学校の『思い』があれば生徒が変わる」と信じ、これからも校長として、学校改革に尽力していきたい。

■著者紹介■

大谷俊彦／おおたに・としひこ　高知県内公立中学校国語科教諭からスタートし、高知県中部教育事務所指導主事、高知県教育センター指導主事、高知県庁本課（学校教育課）指導主事、文部科学省主幹、国立室戸青少年自然の家事業課長、併設型中高一貫教育校教頭等を経て、現在、連携型中高一貫教育校である本山町立嶺北中学校の校長として7年目を迎えている。「アクティブ・ラーニングの視点を生かした『主体的・対話的で深い学び』のある授業づくり」や「『教え』から『学び』へのカリキュラム・マネジメント」、「探究的な学びに視点を当てた総合的な学習の時間の創造」などを研究。「新教育課程ライブラリVol.2 学校現場で考える『育成すべき資質・能力』」（発行　ぎょうせい）や「次代を創る『資質・能力』を育む学校づくり　新教育課程とこれからの研究・研修」（発行　ぎょうせい）、「内外教育」（発行　時事通信社）、教育新聞（発行　教育新聞社）、「学力向上・授業改善・学校改革　カリマネ100の処方」（発行　教育開発研究所）、「小・中学校における『カリキュラム・マネジメント』の現状と今後の課題」（発行　教育調査研究所）、「総合的な学習の時間の指導法」（発行　日本文教出版）などの書籍等にも研究成果を多数掲載。県内を始め、東京、広島、三重、滋賀、熊本、兵庫などで講演活動も行う。高知県公立学校校長・教頭会会長、全日本書写書道教育研究会常任理事、高知県書写教育研究会会長、土佐教育研究会副会長などの職も兼ねる。

「学校経営マンダラート」で創る
新しいカリキュラム・マネジメント

2019年1月20日　第1刷発行

著　者　　大谷俊彦
発　行　　株式会社ぎょうせい

〒136-8575　東京都江東区新木場1-18-11
電話番号　編集　03-6892-6508
　　　　　営業　03-6892-6666
フリーコール　0120-953-431
URL　https://gyosei.jp

〈検印省略〉

印刷　ぎょうせいデジタル株式会社
乱丁・落丁本は、送料小社負担のうえお取り替えいたします。
©2019　Printed in Japan.　禁無断転載・複製

ISBN978-4-324-10563-4（5108473-00-000）〔略号：学校経営マンダラート〕